Ratgeber

Süßwasserrochen

südamerikanische Süßwasser-Stechrochen

Hans Gonella

Danksagung

Bei den Vorbereitungsarbeiten zu diesem Buch haben viele an „Süßwasser-Stechrochen" interessierte Personen aus den unterschiedlichsten Fachbereichen mitgewirkt. Ohne die freundliche Unterstützung aller Beteiligten, wäre ein Buch über südamerikanische Süßwasser-Stechrochen wohl nie zustande gekommen. Ein aufrichtiger Dank an alle, die zum Erscheinen des Buches beigetragen haben. Der Inhalt des Buchs muß jedoch nicht ohne weiteres mit dem Wissen und den Ansichten der hier genannten Personen und Institutionen übereinstimmen.

Ein besonderes Dankeschön gebührt:
Bernd Degen, bede Verlag, Ruhmannsfelden, D
René Burkhart, Firma Aquarama Volketswil, CH
Klaus-Dieter Gieseler, Zoologischer Garten der Stadt Frankfurt, D
Elvezio Giugni, Lugano, CH
Denise Gonella-Gygax, Zürich, CH
Paul Gygax, Zürich, CH
Mr. Ishizu (Fotos), Aqualife, Japan
Frau Jampen, Papiliorama & Nocturama, Marin/Neuchâtel, CH,
René Kindlimann, Aathal, CH
Adolf Rabensteiner, Firma Aquarama, Volketswil, CH
Michel Roggo, Wildlife-Photography, Fribourg, CH
Frank Schäfer, Verlag A.C.S., bzw. Aquarium Glaser, Rodgau, D
Dr. Matthias Stehmann, D.E.G., Hamburg, D
Flavio Tognola, Ascona, CH
René Waser, Muttenz, CH
Rudolf Wicker, Zoologischer Garten der Stadt Frankfurt, D
Kurt Wirz, Zoologischer Garten Basel, CH

Feststellung

Die DEUTSCHE ELASMOBRANCHIER-GESELLSCHAFT e.V. (D.E.G.), mit Geschäftsstelle am Zoologischen Institut & Zoologischen Museum der Universität Hamburg, Martin-Luther-King-Platz 3, D - 20146 Hamburg, setzt sich für die Erhaltung von Haien, Rochen und Chimären ein. Der D.E.G. ist es zurecht ein Anliegen nachfolgende Anmerkung festzuhalten:
„Da etliche Arten der südamerikanischen Potamotrygoniden in ihrem Bestand gefährdet sind, unter anderem durch die Verschmutzung ihrer Gewässer, sollte die Pflege von Süßwasser-Stechrochen-Wildfängen nicht gerade propagiert werden"!

Herstellung und Gestaltung: bede-Verlag

ISBN 3-931 792-39-0

INHALT

VORWORT

Elasmobranchier (Haie und Rochen) machen die große Mehrheit aller Knorpelfische aus, einer uralten Fischgruppe von den Wurzeln der Wirbeltierentwicklung vor gut 400 Millionen Jahren. Ihr biologisches Konzept, das zahlreiche Besonderheiten und Einmaligkeiten nicht nur im Vergleich mit Knochenfischen aufweist, war offenbar so perfekt und erfolgreich wie anpassungsfähig, daß diese urtümlichen Fische als quasi „lebende Fossilien" sich mit knapp 1000 Arten erfolgreich behaupten konnten. Vielleicht wäre richtiger und besser zu sagen, sich „unter natürlichen Lebensumständen" behaupten konnten, denn eben diese Bedingungen sind für Haie und Rochen heute kaum noch irgendwo „natürlich", sprich weitgehend vom Menschen unbeeinflußt. Ob wir über die Tiefen der Ozeane reden, wo gut die Hälfte der Knorpelfischarten lebt, über die flachen Meere der Kontinentalsockel bis 200 m Tiefe, oder über die Binnengewässer, in denen eine kleine Minderheit von Hai- und Rochenarten vorkommt - unbelastete und ungestörte Refugien gibt es für diese besonderen Fische nicht mehr. Eine zunehmend unkontrollierbare Fischerei beutet fast alle Gewässer über Gebühr aus, um sowohl den Nahrungsbedarf der sich explosionsartig vermehrenden Menschheit decken zu helfen als auch, um profitable Delikatessen und Produkte fragwürdiger Notwendigkeit und Nutzens zu ermöglichen. Nicht allein stellt die Fischerei Haien und Rochen gezielt nach, für die es kaum irgendwelche Fischereibegrenzungen gibt; in weitaus größerem Maße beutet sie massiv, oft gegen jede Vernunft und langfristige Eigeninteressen, das gesamte Umfeld dieser Minderheitenfische aus und beraubt sie damit ihrer Lebensvoraussetzungen und ihrer Nahrungsgrundlagen.

Um nicht mißverstanden zu werden: ich wedele hier nicht mit der Flagge naturschützerischer, „grüner" Prinzipien, die oft genug übers Ziel hinausschießen. Nein, der Hintergrund ist sehr viel realistischer. Aquatische Lebensräume sind neben tropischen Regenwäldern die empfindlichsten Ökosysteme überhaupt, mit fein ausgependeltem Gleichgewicht ihrer Lebensgemeinschaften und der Lebensbedingungen ihrer Organismen. Haie und Rochen nehmen in diesem Gefüge seit jeher eine Schlüsselrolle als führende Raubfische an der Spitze der Nahrungspyramide ein. Reduziert man sie als natürliche Regulatoren und „Gesundheitspolizei" entscheidend, oder merzt sie gar völlig aus, könnten die Folgen unabsehbar sein. Das Gleichgewicht solcher Lebensgemeinschaften geriete noch stärker unter Druck, und eine Kettenreaktion zum Einpendeln eines neuen Gleichgewichts nicht vorhersehbarer Art würde ausgelöst. Es geht also um weitaus mehr als reinen Artenschutz, doch tatsächlich sind heute bereits viele gemischte Bestände von Hai- und Rochenarten und auch einzelne Arten als solche bereits akut gefährdet.

Was für den riesigen Lebensraum Ozean mit Einschränkung noch tolerierbar und verkraftbar erscheinen mag, stellt sich für die Bewohner von Binnengewässern erheblich anders dar: ob stehende, langsam oder schnell fließende Gewässer, ihr Lebensraum ist in der horizontalen Ausdehnung und vor allem in der Tiefe sehr begrenzt. Zudem unterliegen Binnengewässer äußeren Einflüssen, auch solchen menschlichen Ursprungs, viel direkter und massiver, als es für den größten Teil der Ozeane der Fall ist. Allein das Thema lebensbedrohender Sauerstoffzehrung hat in Binnengewässern eine weitaus größere Dimension als in den Meeren, wie es ähnlich für Schadstoffeinträge und deren Ablagerungen gilt.

Der Autor des vorliegenden Buchs hat Interessantes und Wissenswertes zusammengetragen und verständlich dargestellt, welch ungewöhnlicher Sonderfall der Evolution Haie und Rochen im Süßwasser sind. Das gilt insbesondere für die südamerikanischen Flußstechrochen, bisher als eigene Familie Potamotrygonidae angesehen, die mit ihrem gesamten Lebenszyklus die Anpassung an Süßwasser vollzogen und im größten Teil südamerikanischer Flußsysteme eine beachtliche Artenvielfalt entwickelt haben. Diese Süßwasserrochen sind eine ökologische und evolutive Kostbarkeit und etwas Einmaliges in der Welt der Fische. Wie aber ist es um ihren Lebensraum der südamerikanischen Flüsse bestellt, welche Frage ähnlich für viele ihrer aquatischen Mitbewohner und nicht minder für subtropisch/tropische Regenwald- und Binnengewässerzonen anderswo gilt? Zunehmend ballen sich menschliche Ansiedlungen an den Ufern von Flüssen und Seen, die gleichzeitig Hauptverkehrs- und Transportwege sind. Abwässer solcher Siedlungen und Einträge von Chemikalien durch Ackerbau, Viehwirtschaft und Schädlingsbekämpfung nehmen sprunghaft zu wie direkte Fischereinutzung und auch Zierfischfang. Abholzung und Rodung der Vegetation geschieht in großem Umfange für Holzwirtschaft, Brennstoffbeschaffung und zum Gewinn von Anbaufläche. Erosion der Böden folgt mit erheblichen Einschwemmungen von Landmaterial, das Wassertrübungen und Ablagerungen verursacht, die das Bild ganzer

Flußlandschaften wandeln. Steigender Energiebedarf führt zum Bau riesiger Staudämme und Wasserkraftwerke, durch die sich die Dynamik ganzer Flußsysteme und die Lebenszyklen ihrer angepaßten Bewohner entscheidend verändern. Abbau von Rohstoffen von Erdöl und -gas bis zur Förderung von Mineralien und Erzen geht einher mit solcher zivilisatorischen Entwicklung, die direkt und indirekt Chemikalienbelastung oder gar -verseuchung der Gewässer mit sich bringt (z.B. Goldsuche/Quecksilber). Möglichkeiten der Anpassung oder des Ausweichens sind für Lebewesen in diesen Gewässern sehr begrenzt und ihre Auslöschung ist oft genug die Folge.

Wasser ist der lebenspendende Motor unserer Erde, doch inwieweit können zunehmend an Leben verarmende oder gar ihres Lebens beraubte Gewässer noch Leben fördern?

Elasmobranchier zählen nicht zu den traditionellen Aquarienfischen, und Haie wie Rochen wird man hauptsächlich in den großen Schauaquarien antreffen, schon aus Gründen ihrer Größe und des entsprechenden Raumbedarfs. Meist sind es relativ häufige Arten des Flachwassers und der jeweiligen Küstenzone, aber bisher gibt es nur wenige Fälle erfolgreicher Nachzucht einzelner Arten in Gefangenschaft. Oft ist bei diesen Fällen allerdings nicht sicher, ob Paarung und die Entwicklung der Embryonen gänzlich in Gefangenschaft stattgefunden haben. Überwiegend werden uns also Wildfänge von Elasmobranchiern hinter Glas gezeigt. Selbst kleinwüchsige Arten, wie manche Katzenhaie, sind in privaten Meeresaquarien eher die Ausnahme, was auch für südamerikanische Flußstechrochen in Heimaquarien gilt, die ausschließlich Wildfänge sind.

Der Autor des Buchs hebt mit Recht hervor, ein verantwortungsbewußter Aquarianer werde kaum ein Exotensammler sein, und zu solchen exotischen Pfleglingen kann man die *Potamotrygon*-Arten gewiß rechnen. Sie sind aber nicht nur teure Exoten, die mehr als routinemäßige Pflege im Heimaquarium erfordern, sondern sie gehören zu diesen „anderen Fischen", den Elasmobranchiern nämlich. Deren tatsächliche Sonderrolle für Aquarianer dargestellt zu haben, ist das Verdienst des Autors wie ebenso sein berechtigter Hinweis, wie relativ wenig auch die Wissenschaft bislang über südamerikanische Flußstechrochen in Erfahrung bringen konnte. Dieses Defizit zeigt sich allein schon an der Unsicherheit über deren tatsächliche Artenzahl und die maßgeblichen Merkmale der Artendefinitionen.

Wer als Aquarianer nicht Zielsetzung und Voraussetzungen mitbringt, sich bewußt *Potamotrygon*-Arten widmen zu wollen, um zum Wissen um diese Rochen und ihre Nachzucht qualifiziert beitragen zu können, sollte auf ihre Haltung verzichten. Angesichts der zunehmenden Gefährdung dieser Fische und ihrer Biotope in deren südamerikanischen Heimatgewässern verringert jeder zusätzliche Wildfang den Erhalt dieser Rochen. Verzicht beweist also bewußtes Verantwortlichfühlen, und auch im Handel mit Aquarienfischen bestimmen die „Konsumenten" die Nachfrage. Große Schauaquarien mit ihren Möglichkeiten und ihrem Fachpersonal können eher dazu beitragen, diese besonderen Fische zu bewahren, und jeder Aquarianer kann sich auch dort an ihrem Anblick erfreuen.

Dr. Matthias Stehmann
Knorpelfisch-Ichthyologe
DEUTSCHE ELASMOBRANCHIER-GESELLSCHAFT e.V., Hamburg

EINLEITUNG

Mit einem Satz kann zusammengefaßt werden, was in diesem Buch an verschiedenen Stellen mehr oder weniger stark zum Ausdruck gebracht wird - nämlich: „Süßwasserrochen" sind keine Aquariumfische für „Jedermann". Damit soll keineswegs eine „Zweiklassen-Aquaristik" in den Vordergrund gerückt werden, viel mehr erwächst aus dem „Merksatz" ein hoher Anspruch, den die südamerikanischen Süßwasser-Stechrochen an den Pfleger und in besonderem Maße an ihren Lebensraum in Form eines Aquariums stellen. Die Fische dürfen aufgrund ihrer besonderen Anpassung an ihre Heimatgewässer und ihrer daraus entstandenen Lebensweise nicht in jedem beliebigen Aquariumtyp gepflegt werden. Nicht zuletzt ihrer Größe wegen benötigen sie überaus geräumige Aquarien.

Obschon die südamerikanischen Süßwasser-Stechrochen für den erfahrenen Aquarianer an und für sich als relativ „pflegeleicht" einzustufen wären, ist es für eine erfolgreiche Pflege dennoch erforderlich, daß sich der Pfleger eingehend über die Ansprüche der überaus interessanten Tiere informiert. Dies gelingt unter anderem mit dem aufmerksamen Durchlesen des vorliegenden Buchs. Selbst wenn nicht alle darin enthaltenen Informationen unmittelbar mit der eigentlichen Rochenpflege zu tun haben, dienen sie doch zum allgemeinen Verständnis, um die außergewöhnlichen Fische näher kennen zu lernen. Aufgrund der Empfehlungen im vorliegenden Buch sollte eine erfolgversprechende Pflege in greifbare Nähe rücken. Die Ausführungen geben Anleitung zu einer artentsprechenden Pflege, die es zum Ziel hat, unnötige Fehlschläge während der Pflegezeit zu vermeiden.

Interessant ist, daß die südamerikanischen Süßwasser-Stechrochen schon seit geraumer Zeit in Aquarien gepflegt werden. Trotzdem ist verhältnismäßig wenig über sie bekannt. Dies macht sich auch in der beinahe fehlenden aquaristischen Fachliteratur bemerkbar. Das Wenige, was bis heute in Erfahrung gebracht werden konnte, stammt aus wenigen Fachbüchern und vor allem aus einzelnen Berichten in Fachzeitschriften. Warum ein so geringes Informationsvolumen vorhanden ist, kann nur vermutet werden. An den Tieren selbst kann es wohl kaum liegen. Ihre Lebensweise ist durchaus gut zu beobachten. Vielleicht ist der Grund, wie das bei anderen Wissensgebieten auch der Fall ist, darin zu suchen, daß über eine scheinbar so bekannte Tiergruppe, wie sie die Rochen darstellen, vieles bekannt sein müßte. So erachtete es bis jetzt niemand für sinnvoll, sich mit dem Thema etwas eingehender zu befassen. Doch damit weit gefehlt, das Wissensgebiet der Rochen im allgemeinen und der südamerikanischen Süßwasser-Stechrochen im besonderen hält noch viel Neues und Unbekanntes für zukünftige Beobachtungen bereit. Somit ergeht es den Rochen nicht viel besser als anderen Aquarienfischen auch, man meint vieles zu kennen und dennoch ist der tatsächliche Wissensstand gering. In diesem Sinne darf der Inhalt des vorliegenden Buchs, trotz der Themenvielfalt, als bescheidener Beitrag zu einer verbesserten Pflege südamerikanischer Süßwasser-Stechrochen angesehen werden. Oder anders ausgedrückt: Mit den nachfolgenden Ausführungen soll ein „Fundament des Wissens" gegeben sein, um zukünftig darauf aufbauen zu können. Unbestritten ist die Süßwasser-Stechrochenpflege ein weites Feld mit vielen offenen Fragen. Deshalb erhalten die vorliegenden Themenkreise auch nicht den Anspruch vollumfänglich Auskunft geben zu können. Manches, wie zum Beispiel das Fortpflanzungsverhalten, gilt es noch eingehend, unter Berücksichtigung einer wissenschaftlichen Betrachtungsweise, zu untersuchen.

Ungeachtet des heutigen Wissensstands möchte dieses Buch die interessanten Fische in den Mittelpunkt stellen. Auch wenn dieser Anspruch zu hoch gegriffen scheint - einer artgerechten Pflege der südamerikanischen Süßwasser-Stechrochen dient er allemal.

Von einem Süßwasser-Stechrochenaquarium geht eine ganz besondere Faszination aus. Durchschwimmen die majestätischen Rochen das Aquarium, erhält man einen Eindruck von der Weite der amazonischen Gewässersysteme.
Foto: H. Gonella

Die Faszination südamerikanischer Süsswasser-Stechrochen

Die südamerikanischen Süßwasser-Stechrochen könnte man als neuzeitliche Abgesandte einer anderen, vergangenen Welt bezeichnen. Als Vertreter einer sehr alten Tiergruppe belebten die „Ur-Rochen" die Weltmeere schon weit vor der Zeit, als noch die Saurier die „Weltherrschaft" inne hatten. Vermutlich liegt darin mit ein Grund, weshalb die südamerikanischen Süßwasserrochen einen besonderen Reiz ausüben. Die urtümlich anmutenden Fische hinterlassen beim Betrachter den Eindruck eines längst vergangenen, geheimnisvollen Zeitalters, das von den Anfängen der Entwicklungsgeschichte des heutigen Wirbeltierlebens erzählt. Fast unheimlich scheinen die versteckt ruhenden Rochen auf ihre Betrachter zu wirken, wenn die starr dreinschauenden Augenpaare aus dem sandigen Untergrund blicken und die Umgebung aufmerksam beobachten. Es ist unmöglich daraus zu schließen, was die Tiere empfinden oder im Begriff sind zu tun. Nicht anders ergeht es dem Beobachter beim Betrachten der eigentümlichen Schwimmweise der südamerikanischen Süßwasser-Stechrochen. Beinahe mit dem Dahingleiten eines Raubvogels in der Luft vergleichbar, durchziehen sie die unteren und mittleren Wassertiefen ihrer Lebensräume. Mit den ruhigen und kraftvollen Schwimmbewegungen vermögen sie durchaus Respekt einzuflößen. Letzteren Eindruck vermitteln auch die großen, in den Meeren lebenden Rochen, die wie aus dem Nichts auftauchend schon bei so manchem Taucher einen kalten Schauer hinterließen, um danach umgehend aus dem Blickfeld des neugierig gewordenen Betrachters zu entschwinden.

Zu den bekanntesten Rochenarten zählt wohl der Pfauenaugen-Süßwasser-Stechrochen, Potamotrygon motoro. *Bei diesen beiden Rochen, die mit geschälten Crevetten gefüttert werden, ist auch die unterschiedliche Grundfärbung der Tiere innerhalb der Art zu erkennen.*
Foto: H. Gonella

Ein weiterer Grund für die Faszination, die von den Rochen ausgeht, ist die bei manchen Arten vorzufindende Wehrhaftigkeit, zum Beispiel in Form eines nahe am Schwanzende befindlichen Stachels. Dieser große gezackte Stachel brachte auch den Süßwasser-Stechrochen die deutsche Bezeichnung Stachelrochen ein. Gebräuchlicher ist in der Umgangssprache weiterhin der Begriff „Stechrochen". Dies deutet bereits auf die tiefsitzenden Ängste der Menschen hin, mit der Verteidigungswaffe der Rochen eine unliebsame Bekanntschaft zu machen. Und obgleich die Süßwasser-Stechrochen in ihren Heimatgewässern Südamerikas mehr gefürchtet werden, als beispielsweise die legendären Piranhas, setzen sie ihre Waffe nie ohne Grund gegen ein Lebewesen ein. Nur in die Enge getrieben oder wenn eine am Flußufer entlang watende Person auf sie tritt, setzen sie den gefürchteten Stachel zur Verteidigung ein. Niemals sind die südamerikanischen Süßwasser-Stechrochen alleine wegen ihres gefährlichen Rufs im Aquarium zu pflegen. Zumal sie diesem Anspruch überhaupt nicht gerecht werden können. Ebenfalls sind sie völlig ungeeignet, um als Ersatz für eine „Pseudo-Meerwasser-Aquaristik" herzuhalten. Die Süßwasser-Stechrochen aus Südamerika besitzen einen eigenen Charakter, der aus ihrer Anpassung an ihre Heimatgewässer erwächst. Sie sollten deshalb nur aus Gründen ihrer besonders interessanten Lebensweise gepflegt werden.

Die stachlige Gefahr

Wie bereits kurz erwähnt, begegnet die an den Ufern südamerikanischer Gewässer lebende Bevölkerung den Rochen mit dem nötigen Respekt. Es wäre jedoch falsch anzunehmen, sie würden deshalb übermäßig gefürchtet. Eher das Gegenteil ist der Fall. Die Leute haben von Kindsbeinen an gelernt mit den Süßwasser-Stechrochen, wie auch mit anderen Tieren, von denen eine Gefahr für den Menschen ausgehen könnte, vernünftig umzugehen. Somit wäre es ebenso falsch die südamerikanischen Süßwasser-Stechrochen als sehr gefährliche Tiere anzusehen. Hingegen werden die ausländischen Touristen, die sich gerne im seichten Wasser aufhalten möchten, eindringlich vor den Süßwasser-Stechrochen gewarnt. Nicht etwa weil sie einen Menschen angreifen könnten, dies ist auszuschließen. Süßwasser-Stechrochen setzen ihren Stachel stets zur Verteidigung ein. Doch nur allzu schnell kann ein Spaziergang im seichten Wasser mit einer schmerzlichen, wenn nicht sogar lebensbedrohlichen Erinnerung enden. Der Grund, daß südamerikanische Süßwasser-Stechrochen für den Unkundigen besonders gefährlich sein könnten, ist in der Lebensweise der Tiere zu suchen. Dadurch, daß sie sich im Sand eingraben und somit tarnen, besteht für die Rochen kein Anlaß, vor einem herannahenden Menschen zu flüchten. Nur deshalb erscheint es für ausländische Besucher außergewöhnlich, daß auf die Rochen aufmerksam gemacht wird und nicht wie oft gemeint, daß alleine die Piranhas und Kaimane besonders gefürchtet werden müßten. Letztere fliehen normalerweise vor einem Menschen. Deswegen stehen die Einheimischen den Piranhas und Kaimanen eher „gelassen" gegenüber. Um so wahrscheinlicher ist es jedoch mit einem südamerikanischen Süßwasser-Stechrochen in Kontakt zu kommen, indem man auf die im Sand verborgenen Tiere treten kann. In der Folge erschrickt der Rochen und versucht mit seinem Stachel den vermeintlichen Angreifer abzuwehren. Um solche Zwischenfälle zu vermeiden, behilft sich die täglich im und am Wasser arbeitende südamerikanische Bevölkerung auf einfachste Weise. Beim Durchqueren einer im seich-

Am Beispiel dieses Potamotrygon motoro *ist der giftige Stachel gut ersichtlich. Unter dem Stachel ist bereits der nachfolgende Stachel erkennbar. Dieser wird bei gegebener Zeit den alten Stachel ersetzen. Ebenfalls deutlich zu erkennen, sind die auf dem Schwanz befindlichen Dornen. Foto: H. Gonella*

Der Süßwasser-Stechrochen Potamotrygon orbignyi *wird verhältnismäßig häufig im Handel angeboten. Diese Art wird im Aquariumatlas, Band 4, auf Seite 18, als* P. reticulatus *bezeichnet. Foto: H. Gonella*

ten Wasser liegenden Sandbank erkennt man den Einheimischen an seinem seltsam anmutenden schlurfenden Gang. Dadurch, daß beim Gehen die Füße im Sand nach vorn bewegt werden, wird ein Fehltritt auf einen Rochen vermieden. Sobald ein Fuß einen im Sand eingegrabenen Rochen berührt, wird dieser beiseite geschoben, wenn er nicht schon vorher blitzschnell das Weite sucht. Damit verringert sich das Risiko erheblich mit einem zur Abwehr eingesetzten Stachel in Berührung zu kommen.
In die Enge getriebene südamerikanische Süßwasser-Stechrochen wehren sich durch einen schnell meist nach vorn ausgeführten, peitschenden Schwanzschlag. Der mit kleinen Widerhaken besetzte Stachel bricht dabei oft ab und bleibt in der Wunde stecken. Der überaus harte Stachel durchschlägt sogar mühelos das zähe Material von Gummistiefeln. Beim Menschen wird die verursachte Verletzung erhebliche Schmerzen verursachen. Da durch den abgebrochenen Stachel ein Gift in größeren Mengen freigesetzt wird, können in der Folge nicht zu unterschätzende Vergiftungserscheinungen auftreten. Begleitet durch ein monatelanges Unwohlsein heilen die Wunden nur sehr langsam. Daraus entsteht ein zusätzliches Risiko möglicher Wundinfektionen. Je nach körperlicher Verfassung könnte eine durch einen südamerikanischen Süßwasser-Stechrochen beigefügte Wunde beim Menschen auch zum Tode führen. Schon kleinste Giftmengen, die in eine offene, vorhandene Wunde geraten, verursachen ziemliche Schmerzen. Übrigens könnten auch, auf natürliche Weise abgestoßene Stachel eine Vergiftung verursachen. Es besteht die Möglichkeit, daß sich selbst nach Jahren noch genügende Mengen des Gifts am Stachel befinden. Die, beispielsweise als Brieföffnerersatz, häufig als Souvenir aus dem Urlaub mitgebrachten oder von Aquarianern aufbewahrten Stacheln, sind demzufolge mit Vorsicht zu handhaben oder sorgfältig zu reinigen.
Aufgrund ihrer Unbeliebtheit werden die Rochen in manchen Regionen nicht selten verfolgt. So werden die Rochen im Amazonasgebiet auch heute noch mit Speeren gejagt. Anschließend wird ihnen der Schwanz mit dem Stachel abgehackt. Die noch lebenden Tiere werden nicht getötet sondern in den Fluß zurückgeworfen. Jene Tiere, die an ihren Verletzungen nicht verenden, können überleben. So sind gelegentlich auch Rochen mit fehlendem Schwanzende in den Flüssen zu beobachten. Mit den „erbeuteten" Stacheln läßt sich auch noch ein Geschäft machen. Die Rochenstacheln stellen nämlich in Amazonien einen beliebten Artikel dar. Durch die verhältnismäßig weite Verbreitung der Rochen werden die Stachel in großen Mengen auf Märkten angeboten und dienen dem Zweck magische Rituale durchzuführen. Auch als Souvenier für Touristen sind sie leider sehr beliebt.

Der Mensch und seine Beziehung zu den Rochen

Im Gegensatz zu anderen Fischgruppen unterscheidet sich die Beziehung der Menschen zu den Rochen in vielen Punkten. Oftmals werden die verschiedenartigen Fischgruppen in unterschiedliche Kategorien eingeteilt. So werden einige Fischgruppen als niedliche, wieder andere als gefährliche Tiere eingestuft. In der Aquaristik sind vor allem die farbenprächtigen tropischen Süßwasserfische beliebt. Dagegen steht man im allgemeinen den Rochen mit viel neutraleren Gefühlen gegenüber. Natürlich faszinieren die Rochen alleine schon wegen ihrer eigentümlichen Form und dennoch wird man wohl kaum alleine deswegen Rochen erwerben. Auch die Gefährlichkeit, die vom Stachel der südamerikanischen Süßwasser-Stechrochen ausgeht, wird vielfach nur am Rande wahrgenommen. Und obschon manche südamerikanische Süßwasser-Stechrochen eine bemerkenswerte farbenprächtige oder zumindest kontrastreiche Körperfärbung besitzen, reichte dies anscheinend auch nicht aus, um die Tiere für das menschliche Empfinden zu charakterisieren. Sicher ist jedoch, wer erst einmal in den Bann der interessanten Aquariumfische gezogen wurde, wird sich kaum mehr davon lösen können.

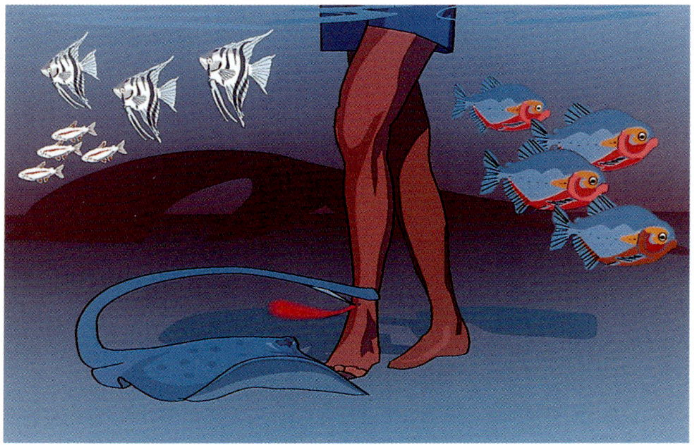

Der Stich eines Süßwasser-Stechrochens wird von der südamerikanischen Bevölkerung mehr gefürchtet als ein Angriff von den sagenumwobenen Piranhas.

Ähnlich wie in der Aquaristik, sind die Rochen auch in der Fischerei eine wenig beachtete Tiergruppe; dabei

Das Vorbild für die Pflege von Süßwasser-Stechrochen in Heimaquarien sind die großen Schauaquarien der Zoologischen Gärten. Hier am Beispiel des Landschaftsaquariums des Exotariums im Zoologischen Garten Frankfurt.
Foto: H. Gonella

stellen heutzutage die Fische eine wesentliche Ernährungsgrundlage für die Weltbevölkerung dar. Doch vielleicht ist das auch gut so, denn die Bestände vieler Fischarten werden erbarmungslos ausgebeutet. Mitunter entstanden damit auch unliebsame - ja sogar als grauenhaft einzustufende - Begleiterscheinungen bei der Fischerindustrie. Eines der unverständlichsten Beispiele ist das unnötige Abschlachten von Haien. Und dies nur ihrer Flossen wegen, um diese zu Haifischflossensuppe zu verarbeiten. Für den „Rest" des wertvollen Fischfleischs haben die Fangflotten keine Verwendung und die Körper der lebend verstümmelten Tiere werden ins Meer zurückgeworfen. Daneben findet zwar ein weiterer kleinerer Teil der gefangenen Haie als Nahrungsmittel Verwendung, doch erscheint die Verarbeitung des Lebertrans, der aus der Leber der Tiere gewonnen wird, und die Poliermittelherstellung oder Lederherstellung aus der Haifischhaut ein viel lukrativeres Geschäft zu sein. Beschaut man sich letzteres etwas genauer, kommt die Einsicht, daß diese unkontrollierte Ausbeutung der Tierwelt eigentlich ein Relikt aus einer vergangenen Zeit darstellen sollte und heute eigentlich keine Berechtigung mehr hätte. In Zukunft gilt es also einiges in geregeltere Bahnen zu lenken, damit das bereits angeschlagene Gleichgewicht der Weltmeere nicht noch mehr ins Wanken gerät. Nun mag sich manche Leserin und mancher Leser fragen, was dies alles mit der Pflege von Süßwasser-Stechrochen im Aquarium zu tun hat. Die Antwort liegt nahe: In gewisser Weise übernehmen die Süßwasser-Stechrochen Südamerikas eine Botschafterrolle für ihre in der Natur lebenden Verwandten. Wer südamerikanische Süßwasser-Stechrochen in seinem Aquarium pflegt, muß sich bewußt sein, welche Verantwortung er damit übernommen hat und sich zugleich vor Augen halten, daß es nicht in allen Bereichen zum besten bestellt ist. Nicht zuletzt auch deswegen, weil mit der unaufhaltsam zunehmenden Umweltverschmutzung in den neu zu industrialisierenden Ländern die Rochen und damit auch die Süßwasser-Stechrochen zusehends stärker bedroht sind, dürfen sie in unseren Augen nicht zum Mode-, beziehungsweise „Wegwerffisch" verkommen. Zum Glück blieb vielen Rochenarten bis anhin die planmäßige Befischung erspart, was jedoch nicht heißen will, daß zum Beispiel in Regionen des nördlichen Indischen Ozeans und in Südostasien die Rochen nicht ein begehrtes Nahrungsmittel darstellen. Gerade bei vielen Naturvölkern wird das Rochenfleisch sehr geschätzt. Selbstverständlich werden die südamerikanischen Süßwasser-Stechrochen auch von einigen Fischern in Amazonien nicht gänzlich verschmäht. Ungesicherten Berichten zufolge sollen die indianischen Fischer den Rochen die Schwänze abhacken, damit sie nicht versehentlich mit dem giftigen Stachel in Berührung kommen und das Fischfleisch als Nahrungsmittel verwenden. Auf den Fischmärkten in den Städten findet man allerdings kaum Rochen im Angebot. Aufgrund des großen Fischangebots haben sie heute keinen ernährungsbedingten Wert. In früheren Zeiten, als die ersten Entdecker und Missionare die südamerikanischen Gewässer befuhren war das anders. Damals hatten die verschiedenen Indianerstämme viele unterschiedliche Namen für die Süßwasser-Stechrochen. Flüsse in denen die Rochen zahlreich vorkamen wurden von den Indianern sinngemäß übersetzt als „Stechrochenflüsse" bezeichnet. Für viele Indianerstämme bildeten die Rochen einen wichtigen Bestandteil ihrer Nahrung. Der Stachel der Rochen wurde häufig als Pfeilspitze verwendet. Ebenso wurde er als Tätowierungsinstrument oder zum Durchstechen von Armen, Ohren und Zungen benutzt, um rituelle Gegenstände oder Schmuck zu befestigen. Vermutlich haben die Indianer auch den schlurfenden Gang im Fluß erfunden, damit sie mit den Rochen nicht in Konflikt gerieten. Schon damals waren aber ungewollte und schmerzhafte Begegnungen mit den Süßwasser-Stechrochen nicht auszuschließen. Zur Behandlung der Wunden dienten allerlei pflanzliche Wirkstoffe. Heutzutage leben nur noch vereinzelte Indianer-

Gegen eine artgerechte Pflege von Süßwasser-Stechrochen in sehr großen Heimaquarien ist nichts entgegenzusetzen. Bedingung ist jedoch, daß den Rochen eine möglichst große Grundfläche von mehreren Quadratmetern zur Verfügung steht. Natürlich muß es den Fischen möglich sein, sich bei Bedarf im sandigen Bodengrund einzugraben.
Foto: R. Waser

gruppen in weit abgelegenen Gebieten nach den althergebrachten Weisen und somit gingen leider auch unzählige traditionelle Lebensweisen für immer verloren.
Besonders in den Küchen der industrialisierten Ländern nehmen die im Meer lebenden Rochen eine gewisse Bedeutung ein. Speziell in Frankreich und England und sogar in Holland gilt das Fleisch echter Rochen (Rajidae) als wahre Spezialität. Auch in Asien stellen die Geigen,- Stech- und Adlerrochen ein beliebtes Nahrungsmittel dar. Nebst der Bedeutung für die Küche „genießen" die Rochen bei der Allgemeinheit eine eher geringere Wertschätzung. Ausgenommen bei den Sporttauchern, die gelegentlich mit Meeresrochen in Kontakt kommen, blieb den Rochen eine größere Beachtung und somit auch die entsprechende Publizität erspart. Zum einen ist dies für die Tiere vorteilhaft. Zum anderen kann dies auch sehr nachteilige Auswirkungen haben. So ist es heute weitgehend unbekannt, ob und in welchem Ausmaße die Rochen durch die Befischung sowie durch Umweltgifte gefährdet sein könnten. Mit großer Wahrscheinlichkeit ergeht es den Rochen jedoch nicht viel besser als anderen Fischarten auch. Besonders den südamerikanischen Süßwasser-Stechrochen mit ihrer Anpassung an sandige Uferpartien gilt es zukünftig vermehrt Beachtung zu schenken. Die schnell fortschreitende Industrialisierung in den tropischen Regionen hinterläßt ihre Spuren. Schon geringste Veränderungen können die labilen Gleichgewichtszustände zum Beispiel an sandigen Ufern oder Sandbänken stark gefährden.
An dieser Stelle soll noch auf einen ungeheuren Mißstand hingewiesen werden. Nach einem Augenzeugenbericht zufolge, soll einem erwachsenen Süßwasser-Stechrochenweibchen in Bolivien, von Fischern der Bauch aufgeschlitzt worden sein, um an die noch im Mutterleib steckenden Jungrochen heranzukommen. Ob dieses Vorgehen ein Einzelfall oder allgemein üblich ist, konnte nicht bestätigt werden. Ebenfalls wurde dem Augenzeugen eine Auskunft über das Geschehene verweigert, so daß diese Beobachtung nicht als gesichert betrachtet werden kann. Sollte es jedoch zutreffen, wäre dies ein weiterer Grund, um auf den Kauf von Rochenbabys gänzlich zu verzichten. Sicher ist jedoch, daß diesen Rochenbabys ohnehin keine Überlebenschancen beschieden war. Obschon in der Aquarium-Literatur bezüglich der Fortpflanzungsart anscheinend einige Unsicherheiten bestehen, verhält es sich hinsichtlich der Fortpflanzungsbiologie der Potamotrygoniden nicht anders, als bei den übrigen viviparen Stechrochen, wie zum Beispiel den Tieren aus der Gattung Dasyatis. So gesehen hätte man, sozusagen noch nicht lebensfähige, im Ei steckende „Frühgeburten" aus dem Mutterleib geraubt. Auf die widersprüchlichen Angaben in der Aquariumliteratur, ob die Süßwasser-Stechrochen nun zu den „lebendgebärenden" Fischen zählen oder nicht, geben die Ausführungen im Abschnitt „Fortpflanzungsverhalten" eingehend Auskunft. Zweifellos hätten aber die Jungrochen so oder so sterben müssen.

Vorsichtsmaßnahmen bei der Pflege südamerikanischer Süßwasser-Stechrochen

Die südamerikanischen Süßwasser-Stechrochen können nicht als ausgesprochen gefährliche Tiere eingestuft werden. Trotzdem sind die mit einem giftigen Stachel bewehrten Tiere nicht völlig harmlos. In die Enge getriebene oder erschreckte Süßwasser-Stechrochen werden ihre Verteidigungswaffe instinktiv einsetzen - auch gegen die Hand des Pflegers. So gilt es bei den Pflegearbeiten die nötige Vorsicht walten zu lassen. Hektische Bewegungen oder das Berühren der Tiere sollten unterlassen werden. Gegebenenfalls sind die Pflegearbeiten mit geeigneten Werkzeugen, wie Pflanzstangen oder ähnlichem durchzuführen.

Es ist nicht auszuschließen, daß unter bestimmten Bedingungen, ein durch einen südamerikanischen Süßwasser-Stechrochen verletzter Mensch an den Folgen des Gifteintrags sterben könnte. In erster Linie wären Personen mit einer schwachen körperlichen Konstitution gefährdet. Ebenfalls könnte eine unterlassene Wundbehandlung oder eine falsche Versorgung der Wunde verherende Folgen haben. Zu den ebenfalls gefährdeten Personengruppen zählen ältere Menschen mit einem schlechten Gesundheitszustand und natürlich im besonderen Maße auch Kinder. Sofern südamerikanische Süßwasser-Stechrochen in Haushaltungen mit Kindern gepflegt werden möchten, gilt es einige Vorsichtsmaßnahmen zu treffen. Das heißt, die Rochen dürfen von unbeaufsichtigten Kindern nicht zum Spielen mißbraucht werden. Dabei wäre es auch denkbar, daß ein Kind den Rochen aus lauter Neugierde berühren möchte. Zur Sicherung von Rochen-Aquarien stehen verschiedene Möglichkeiten zur Verfügung. So könnte beispielsweise die Aquariumabdeckung mittels aufgeklebten „Überfallen" verschlossen gehalten werden. Desweiteren könnte die Aquariumhöhe so bemessen sein, daß die Oberkannte des Aquariums auf eine für Kinder unerreichbare Höhe zu liegen käme. Eine weitere Möglichkeit wäre, die Tür des Wohnraums, in dem sich das Rochenaquarium befindet, bei Bedarf abzuschließen.

Der mit Widerhaken besetzte, giftige Stachel der Süßwasser-Stechrochen ist außergewöhnlich hart. Selbst die Gummistiefel eines am Flußufer entlang watenden Menschen werden mühelos durchschlagen. Der Stachel erhält sein Gift aus zwei Giftdrüsen an der Stachelbasis. Der Stachel selbst ist von einem feinen Häutchen überzogen, das schon bei der kleinsten Berührung geringe Mengen an Gift „freisetzt" und zu schmerzenden Wunden führen kann.
Foto: E. Föhr

Selbstverständlich sind die, im gleichen Haushalt lebenden Personen, die Kinder sofern vorhanden miteingeschlossen, über die von Süßwasser-Stechrochen ausgehende Gefahr eingehend zu warnen. Die ruhige Lebensweise darf nicht über die tatsächliche Schnelligkeit und Wendigkeit der Rochen hinwegtäuschen. Erschreckte oder in Bedrängnis geratene Rochen können blitzschnell reagieren und zustechen. Dabei sind sie in der Lage ihren Stachel bewehrten Schwanz in alle Richtungen zu drehen. Selbst die Möglichkeit eines Schwanzschlags über dem Körper, ähnlich der eines Skorpions, zeichnet die Wendigkeit der Tiere aus. Trotz all dieser Warnungen besteht überhaupt kein Grund, die Rochen übermäßig zu fürchten. Es genügt, den Tieren bei den Pflegemaßnahmen mit dem nötigen Respekt „gegenüber zu treten". Von sich aus werden die Rochen die Hand des Pflegers niemals attackieren. Unfälle mit in Aquarien gepflegten südamerikanischen Süßwasser-Stechrochen sind bei entsprechender Pflege und etwas Vorsicht weitgehend auszuschließen.

Behandlung eines „Rochenstichs"

Kommt es einmal zu einem für den Pfleger unerwartenden Zusammenstoß mit dem Stachel eines südamerikanischen Süßwasser-Stechrochens, können sich die Folgen sehr unterschiedlich auswirken. Normalerweise wird die Wunde erheblich schmerzen und die gestochene Körperpartie mehr oder weniger stark anschwellen. Selbst schon der kleinste Kratzer kann eine unangenehme Wirkung zeigen. Schwindelgefühle oder Übelkeit können sich über Stunden oder Tage ausdehnen. Schwerere Verletzungen benötigen über zehn Tage bis eine Besserung eintritt. Eine vollständige Genesung kann unter Umständen ein bis fünf Monate benötigen. Größere Giftmengen können auch Schwindelgefühle mit einhergehender Blutdrucksenkung, Schweißausbrüche,

Erbrechen, Muskelkrämpfe oder Durchfall und Lähmungen hervorrufen. Zudem besteht die Gefahr einer Wundinfektion. Vermutlich durch eine unsachgemäße Behandlung der Wunde hervorgerufen, ist ein Fall bekannt, bei dem einem europäischen Pfleger nach einem Rochenstich die Hand amputiert werden mußte. In Südamerika sind Fälle bekannt, wobei eine Person mit Herzschwäche starb sowie eine schwangere Frau aufgrund eines Rochenstichs ihr Kind verlor. So empfiehlt es sich unbedingt nach erfolgter Verletzung, umgehend einen Arzt aufzusuchen und diesen gegebenenfalls über den Giftigkeitsgrad des Rochenstachels in Kenntnis zu setzen. Nur so ist der Arzt auch in der Lage, sich über mögliche Behandlungsmethoden zu informieren.

Bei dem Gift handelt es sich quasi um „Leichengift", daß auch aus halb verwestem Gewebe in der Stachelrinne besteht, welches zur Erscheinung einer massiven Blutvergiftung führt.

Anmerkung: Europäische Ärzte haben gewöhnlich keinerlei Erfahrung in der Behandlung von Stechrochenstichen und über die Beschaffenheit des Stachelgifts. Anstatt einen Patienten weiterzuverweisen wäre es wahrscheinlich besser, daß sich der europäische Arzt, beispielsweise in einem brasilianischen Spital über die Behandlungsmethoden erkundigt.

In Südamerika werden gegen Rochenstiche allerlei Behandlungsmethoden empfohlen. Manche Mittelchen wie Kautabak, zerriebene Kokosnuß, die Verabreichung verschiedener Wurzelarten oder die Einnahme eines Rochenleberextrakts erzielen alle zurecht einen fragwürdigen Heilungserfolg. Dagegen empfiehlt die angewandte Medizin als Erste-Hilfe-Maßnahme bei einem Rochenstich ein sofortiges und intensives Auswaschen der Wunde unter dem Kaltwasserhahnen. Danach kann die Wunde noch mit „heißem" Wasser nachgereinigt werden, da die Vermutung besteht, daß das Gift daraufhin etwas an seiner „Intensität" verliert. Ein längeres Eintauchen der Wunde in ein „Heißwasserbad" empfiehlt sich ebenso, wobei ein Teil der im Gift enthaltenen Proteine denaturiert wird. Dieses Vorgehen hat sich beispielsweise bei Stichverletzungen von Meeres-Stechrochen bewährt. Beim Arzt ist eine Untersuchung bezüglich der Kreislaufstabilität ratsam. Das Rochengift ist in seiner Zusammensetzung und Wirkung noch nicht vollständig wissenschaftlich untersucht. Sicher ist jedoch, daß das Gift von Süßwasser-Stechrochen eine größere Wirksamkeit besitzen kann, als das Gift von den im Meer lebenden Stechrochenarten. Zur Behandlung der schmerzenden Wunde, die jedoch unbedingt nur in Absprache mit dem Arzt erfolgen darf, können unter anderem Schmerztabletten und Mittel gegen Allergien zum Einsatz gelangen. Ebenso ist, sofern nicht schon vorhanden, eine Impfung gegen Starrkrampf vorzusehen. Gelegentlich wurde die Heilung von Wunden auch schon mit Cortison und Antibiotika unterstützt. Die zusätzliche Einnahme eines Vitamin-B-Komplexes kann die Wundheilung beschleunigen. Dies alles darf nach einem Rochenstich keine Panik auslösen, sondern nur auf einige mögliche Gegenmaßnahmen hinweisen.

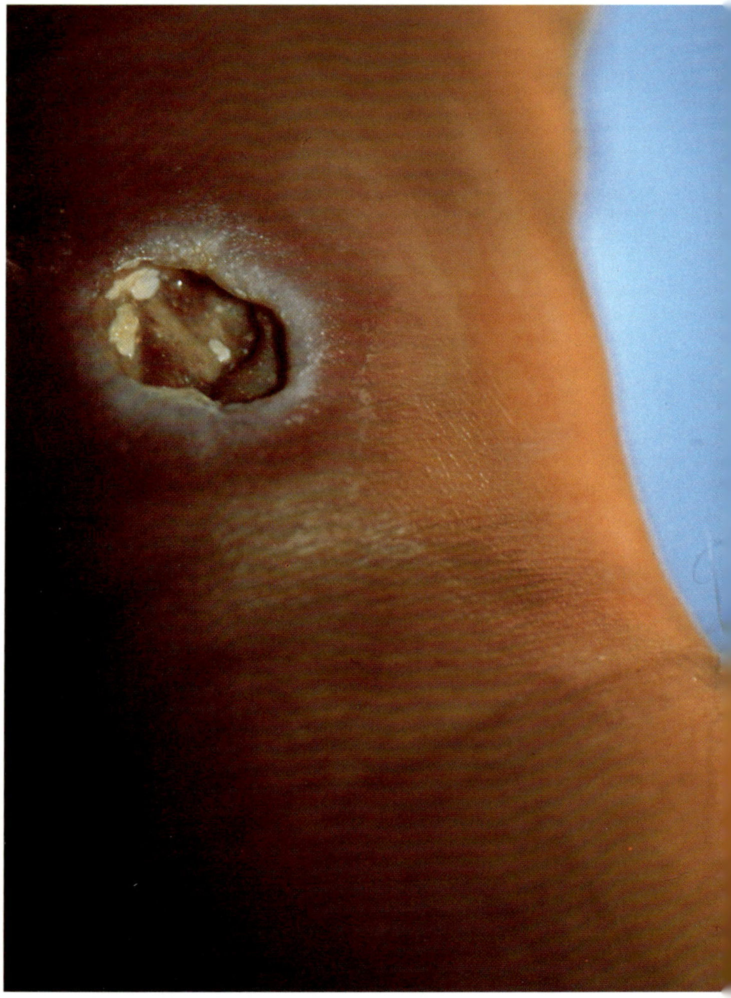

Stark infizierte Wunde, hervorgerufen durch einen Rochenstich oberhalb des Knöchels eines Menschen. Das in die Wunde eindringende Gift kann erhebliche Schmerzen verursachen sowie zu langanhaltenden Kopfschmerzen und Übelkeit führen. Eine Verletzung durch einen Rochenstachel ist umgehend bei einem Arzt behandeln zu lassen.
Foto: M. Rank

ROCHEN

Mit den Knochenfischen haben Rochen wie alle Knorpelfische wenig gemeinsam. Hierfür sind die verschiedensten Merkmale verantwortlich. Am offensichtlichsten ist der Unterschied in der Beschaffenheit des Skeletts gegeben. Die Mehrzahl der Aquariumfische gehören zu den Knochenfischen. Mit über 20'000 Arten umfassen die Knochenfische die zugleich größte Wirbeltiergruppe. Dagegen bilden die sogenannten Knorpelfische mit knapp 1'000 Arten eine recht kleine Gruppe. Innerhalb des Stammes der Wirbeltiere bilden die Rochen eine eigene Ordnung in der Klasse der Knorpelfische. Während bei den Knochenfischen das Skelett größtenteils aus echten Knochen besteht, besitzen die Knorpelfische, wie der Name bereits vermuten läßt, ein knorpeliges Skelett. Diesem fehlen jegliche Knochenbestandteile, es ist biegsam und trotzdem sehr zäh. Nur in den knorpeligen Wirbelkörpern und einigen anderen Skeletteilen sind Kalkablagerungen zu finden. Weiter besitzen die Schuppen (Hautzähnchen) Knochenbestandteile. Einziger geringer Knochenanteil bei Knorpelfischen findet sich bisweilen in der Wurzel der Kieferzähne. Auch die, bei manchen Arten spitzzulaufenden, sich „rauh" anfühlenden, Schuppen unterscheiden sich bei den Knorpelfischen von dem Schuppenkleid der Knochenfische. Gerade die Schuppen der Knorpelfische „erzählen" innerhalb der Jahrmillionen langen Entwicklung dieser Tiergruppe eine interessante Geschichte - doch dazu später mehr.
Zu den Knorpelfischen gehören die Haie (Selachii), die Rochen (Rajiformes) und die Seekatzen, auch Seedrachen (Holocephali) genannt. Die meisten Rochen fallen in erster Linie durch ihren scheibenförmigen Körperbau auf. Einige Rochenarten hingegen besitzen sogar eine haiähnliche Gestalt und einige Haie rochenähnliche Gestalt.
Die Vorkommensgebiete der Rochen sind um den ganzen Erdball verteilt. Rochen leben nicht nur im flachen Wasser der Küstengebiete, manche Arten stoßen auch bis in die Tiefen der Weltmeere vor. So können gewisse Rochenarten bis 3'000 m tief unter den Meeresspiegel hinabtauchen. Wieder andere Rochenarten besiedeln auch das Brackwasser. Dort, wo große Flüsse oder Ströme Unmengen an Süßwasser mitführen, wird durch die Vermischung des Salzwassers mit dem Süßwasser der Salzgehalt des Meerwassers an den küstennahen Gebieten merklich gesenkt. Von diesen Brackwasserzonen dringen einige Arten auch ins Süßwasser der Flußläufe ein, wo sie in der Lage sind, sich zeitweilig oder sogar dauernd, in der für sie untypischen Umgebung aufzuhalten. Diese Arten stellen die Wissenschaft noch vor große Rätsel, da der Wechsel vom Salz- ins Süßwasser erhebliche körperliche Umstellungen erfordert. Und schlußendlich sind da noch die Süßwasser-Stechrochen, die sich im Laufe ihrer Entwicklungsgeschichte vollends an die Gegebenheiten des Süßwassers angepaßt haben.

Die bekanntesten Rochenfamilien der Welt

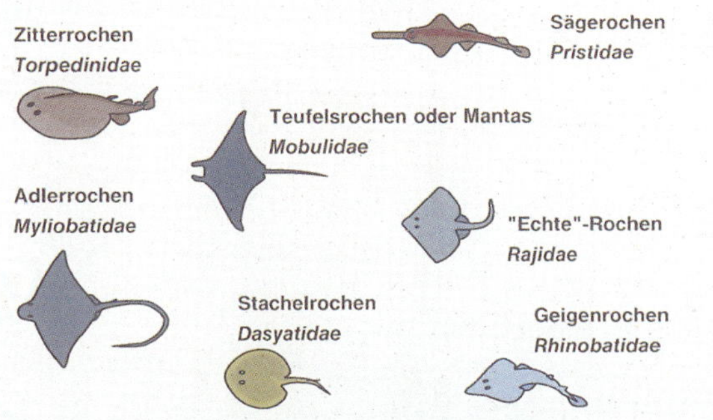

Schutz der Rochen

Wie bereits angesprochen, sehen sich viele Rochenarten und im speziellen die ans Süßwasser angepaßten Arten einer erheblichen Bedrohung gegenüber. Dazu zählt unter anderem die Umweltverschmutzung. Um es gleich vorweg zu nehmen, noch darf man die südamerikanischen Süßwasser-Stechrochen nicht zu den stark bedrohten Tierarten zählen. Etwa 80 Prozent der Amazonasregion sind noch unversehrt. Allerdings könnte sich dies bei einer weiter fortschreitenden Abholzung des Regenwalds bis in die Mitte des nächsten Jahrhunderts ändern. Und die damit einhergehende Zersiedelung und Industrialisierung hätte ebenso verheerende Folgen für den Fischreichtum der Flüsse. Dagegen sieht es in anderen Regionen der Erde bereits bedenklicher aus.
Spricht man vom Schutz der im Süßwasser lebenden Rochen sind natürlich auch die Haie miteinzubeziehen, da sie gleichermaßen bedroht sind. Nur Haie und Rochen, auch Elasmobranchier genannt, leben auch im Süßwasser. Die ebenfalls zu den Knorpelfischen gehörenden Seekatzen oder Chimären (Holocephali) kamen in Urzeiten und kommen auch heute im Süßwasser nicht vor.
Leider ist über den tatsächlichen Zustand der Süßwasser-Elasmobranchier in ihren Vorkommensgebieten nur sehr wenig bekannt. Erst in den letzten 30 Jahren haben die Süßwasser-Elasmobranchier einiges an Aufmerksamkeit erlangt. Ähnlich ihren Verwandten im Meer

unterliegen die Süßwasser-Elasmobranchier einer niedrigen Fruchtbarkeit, einer verhältnismäßig späten Geschlechtsreife, die allerdings variieren kann. Zusätzlich besteht eine Einschränkung durch die relative Begrenzung des Lebensraums, welche die Meeres-Knorpelfische normalerweise nicht betrifft. Infolgedessen sind die Süßwasser-Elasmobranchier wahrscheinlich weniger befähigt, dem anhaltenden zivilisatorischen Druck Widerstand zu leisten, als dies die Knochenfische in der Lage sind. Zumal gerade die Flußufer als nutzbringender „Lebensraum" auch vom Menschen beansprucht werden.
Flüsse und Seen besitzen im Vergleich zum Meer ein begrenztes Volumen. Darüberhinaus ist für gewisse Süßwasser-Elasmobranchier nur ein Teilbereich der Fließgewässer nutzbar. Hinzu kommt, daß Süßwasser-Lebensräume weit weniger beständig sind als ihr Meeres-Äquivalent. Kurz- und langfristige Qualitätsschwankungen des Wassers, veränderte Niederschlagsmengen und vieles mehr, könnten leicht über die „eingeschränkte" Widerstandsfähigkeit der Süßwasser-Elasmobrancher hinausgehen. Zu den natürlichen Bedrohungen kommen zusätzlich die durch den Menschen herbeigeführten Probleme, wie zum Beispiel der Dammbau. Einigen Beobachtungen zufolge konnten sich gewisse euryhaline Rochenarten (aus dem Meer stammende und zeitweise im Süßwasser lebende Arten), denen der Rückweg ins Meer durch einen Staudamm verunmöglicht wurde, in einzelnen Fällen vermehren. Eine dauerhafte Anpassung an das Süßwasser darf aber angezweifelt werden.
Das Süßwasser mag für die Rochen und Haie ein „Randlebensraum" darstellen, trotzdem konnten sich bis heute ihre Vertreter erfolgreich gegenüber den Knochenfischen behaupten. Allerdings haben Süßwasser-Elasmobranchier kaum natürliche Feinde unter den Knochenfischen.
Der Lebensraum der Süßwasser-Elasmobranchier beschränkt sich offenbar auf die verhältnismäßig großen, ruhigen Seen und Flüsse sowie große Ströme, mit meist beständigen Verhältnissen. Den Süßwasser-Elasmobranchier ist es nicht möglich größere Stromschnellen und Wasserfälle zu durchschwimmen oder Extremsituationen in den Gewässern, wie plötzlich auftretender Sauerstoffmangel zu überleben. Aus eben genannten Gründen können Süßwasser-Elasmobranchier durch veränderte Umweltbedingungen viel eher Schaden nehmen als manche Knochen-Fischarten des Süßwassers. Am größten ist die Gefahr für jene im Süßwasser lebenden Knorpelfische, die für ihr Überleben einen Zugang zum offenen Meer benötigen, da gerade die Meereszugänge eine starke Besiedelung und wasserbauliche Maßnahmen aufweisen. Am offensichtlichsten sind die Süßwasser-Elasmobranchier in Südostasien und im mittleren Osten bedroht. Umweltschäden und eine Überfischung hatten in diesen Regionen bereits schwere Folgen für die Bestände der Süßwasser-Elasmobranchier. So gesehen, können auch manche Süßwasserrochenarten als stark gefährdete Tierarten betrachtet werden. Dies alles haben auch die Importeure von südamerikanischen Süßwasser-Stechrochen erkannt, was sich auch auf die vorbildliche Zwischenhälterung auswirkt. Aber auch wegen ihres hohen Verkaufspreises werden die Rochen besonders behutsam transportiert und in den Aquarien sehr aufmerksam gepflegt. Aufgrund der schlechten Erfahrungen vergangener Jahre werden heutzutage die Rochen von verantwortungsbewußten Importfirmen einzeln in Boxen transportiert und bisweilen über mehrere Monate intensiv gepflegt, um sicher zu sein, daß die Tiere völlig gesund in den Handel geraten. Die „Importausfälle" sind heute sehr gering, zudem besitzen fachmännisch importierte Rochen den Vorteil in Heimaquarien kaum mehr, aufgrund großer Erschöpfung, zu erkranken. Selbst Rochenbabys werden wieder vermehrt importiert, jedoch werden sie im Gegensatz zu früher, zuerst auf eine zu verantwortbare Verkaufsgröße herangezogen, um unnötige Ausfälle zu vermeiden.

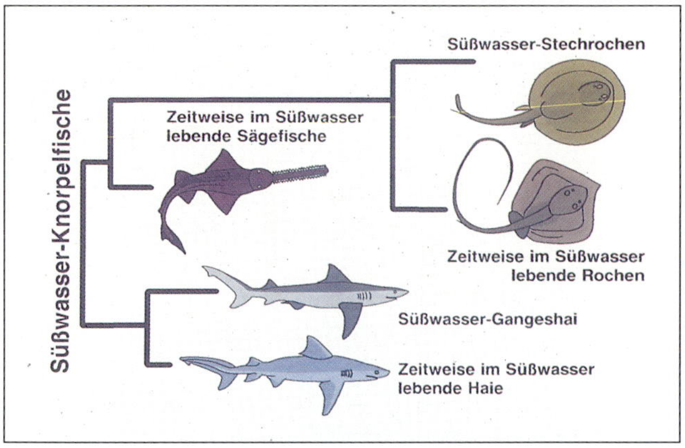

Neben den verhältnismäßig wenigen „echten" Süßwasserknorpelfischen leben viele andere Knorpelfischarten zumindest zeitweise im Süßwasser.

Was sind Süßwasserrochen

In vielerlei Hinsicht unterscheiden sich die Süßwasserrochen äußerlich kaum von ihren im Meer lebenden Verwandten. Die im vorliegenden Buch behandelten südamerikanischen Süßwasser-Stechrochen zählen zu den „echten" Süßwasser-Elasmobranchiern. Ursprünglich stammten sie jedoch von ausschließlich im Meer lebenden Rochen ab.

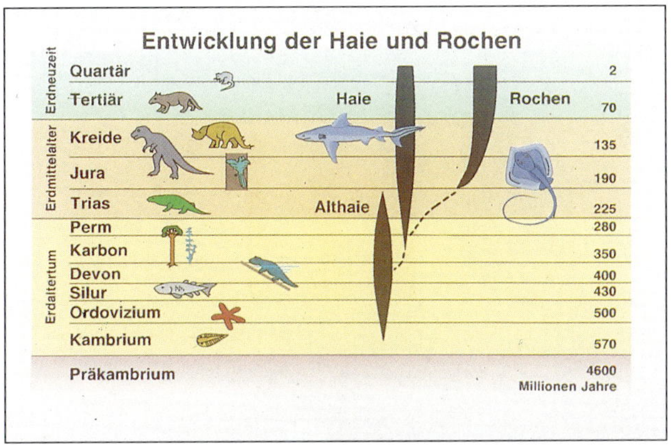

Die Rochen zählen zu den ältesten, heute noch lebenden Tieren. Die Rochen besiedelten schon die Meere, als noch die Dinosaurier die Weltherrschaft inne hatten.

Die Rochen sind mit den Haien nahe verwandt. Im Salzwasser lebende Haiart aus dem Exotarium in Frankfurt.
Foto: H. Gonella

Die Rochen gehören zu einer sehr „alten" Tiergruppe. Vermutlich besaßen die Knorpelfische und die Knochenfische gemeinsame Vorfahren. Über das tatsächliche Aussehen der Ur-Knorpelfische ist nur sehr wenig bekannt, da ein knorpeliges Skelett über eine schlechte Haltbarkeit verfügt und schnell zerfällt. Heute geben vorwiegend fossile Funde in Form von Schuppen und Zähnen einen kleinen Einblick in die Entwicklungsgeschichte der Knorpelfische. Die ersten Funde der Ur-Knorpelfische stammen aus dem Silur und sind somit etwa 420 Millionen Jahre alt. Neben den Althaien entwickelten sich vermutlich im Permzeitalter vor etwa 280 bis 225 Millionen Jahren die modernen Formen der Haie. Etwas später zu Beginn des Trias um etwa 220 Millionen Jahren traten die ersten Urrochen auf. Seit dem unteren Jura vor etwa 190 Millionen Jahren sind Funde der Vorfahren von den heute lebenden Rochen bekannt.

Etwa zur gleichen Zeit, als sich die Fischgruppe der Rochen durch die „Entstehung" einer beachtlichen Artenzahl die Weltmeere eroberten, begannen im Erdaltertum (Paläozoikum) und Erdmittelalter (Mesozoikum) die Gebirgsauffaltungen in Südamerika. Daraus entstanden die heutigen Anden. Vermutlich wurden neben den Rochen auch viele andere Fischarten dadurch im Amazonasbecken „eingeschlossen", als sich die Landmassen anhoben und gleichzeitig der Meeresspiegel langsam zu sinken begann. Vielleicht durch den erschwerten Rückzug in den Pazifik haben sich jene zumindest zeitweise im Brack- und Süßwasser aufhaltenden Meeresfische langsam an die neuen Lebensbedingungen angepaßt. Gleichzeitig änderten die „Gewässersysteme" des heutigen Amazonasgebietes allmählich ihre Fließrichtung, bis sich die unendlichen Wassermassen schließlich in den Atlantik ergossen. Die südamerikanischen Süßwasser-Stechrochen stammen, nach heutigem Wissensstand, von Stechrochen mit rundlicher Scheibengestalt ab, wie sie in Gestalt von *Urolophus*- und *Urotrygon*-Arten noch heute im Ostpazifik und Westatlantik leben. Neben den Rochen kennt man heute auch eine stattliche Anzahl an Knochenfischen, die aus dem Meer entstammen und sich im Amazonasbecken zu echten Süßwasserfischen entwickelten; zum Beispiel sind dies Kugelfische und Seezungenarten. Selbst in „unserer" Zeit dringen Haie aus dem Atlantischen Ozean bis etwa 3000 Kilometer in das Gewässersystem des Amazonas vor. Neben Rochen findet man auch eine Haiart (Carcharhinidae) und in den Nebenflüssen eine Sägefischart (Pristidae), die wahrscheinlich dauerhaft im Süßwasser leben können.

Die Verbreitungsgebiete der Süßwasser-Elasmobranchier

Süßwasser-Elasmobranchier sind in den Flüssen der gemäßigten und tropischen Klimazonen zu finden. Einige Süßwasser-Elasmobranchier kommen oder kamen auch in größeren Flüssen wie dem Mississippi in den USA oder den Flüssen des Natal in Südafrika vor. Die meisten Arten findet man jedoch in den Tropen.
Die größte Artenvielfalt an Süßwasser-Elasmobranchier ist aus den, in den Atlantik einmündenden Stromgebieten Südamerikas bekannt. Allen Süßwasser-Elasmobranchiern voran haben die südamerikanischen Süßwasser-Stechrochen aus der Familie Potamotrygonidae eine große Verbreitung gefunden. Zu den Hauptvorkommensgebieten gehören die Gewässersysteme des Orinokos, des Amazonas und der südlich liegende Rio Parana. Aber auch in westafrikanischen Flußsystemen wurden die Süßwasser-Elasmobranchier heimisch. Weiterhin leben Süßwasser-Elasmobranchier in Asien, auf dem Indischen Subkontinent, dem südlichen China, Indonesien und den Philippinen. Selbst aus Neu-Guinea und Australien sind Vorkommen bekannt. Darüber hinaus kommen die Süßwasser-Elasmobranchier auch im Tigris-Fluß-System des südlichen Iraks, in mehreren anderen Flüssen Afrikas, Nordamerikas und Südeuropas vor. Als außergewöhnlich darf das Vorkommen von gemeinen Grundhaien, *Carcharhinus leucas,* im Nicaraguasee angesehen werden. Selbst im Jamoer-See in Neuguinea soll eine Süßwasser-Elasmobranchierart vorkommen. Für die meisten Elasmobranchier, die im Süßwasser sehr verbreitet sind, ist jedoch der Zugang zum Meer überaus wichtig, da sie sich im Süßwasser nicht oder nur vereinzelt fortpflanzen können. Davon sind die sogenannten euryhalinen Arten betroffen, die sich bei der Fortpflanzung im Süßwasser wahrscheinlich bezüglich der Gewässerqualität großen Anpassungsschwierigkeiten gegenüber sehen. Hiervon ausgenommen sind natürlich die „echten" Süßwasser-Elasmobranchier, wie die Süßwasser-Stechrochen der Familien Potamotrygonidae und Dasyatidae sowie der Ganges-Haifisch, *Glyphis gangeticus.*

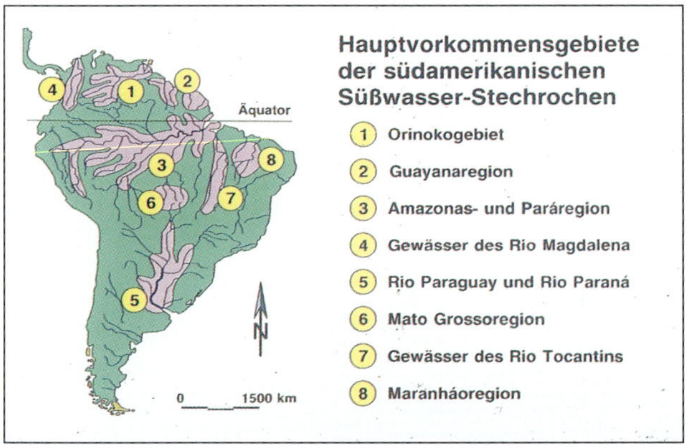

Die Biotope südamerikanischer Süßwasser-Stechrochen

Der tatsächlich beanspruchte Lebensraum von südamerikanischen Süßwasser-Stechrochen läßt sich nicht exakt festlegen. Zu leicht entsteht der Eindruck, daß die Tiere mit den Flachwasserzonen ein verhältnismäßig kleines „Territorium" zum Überleben benötigen. Ebenso könnte angenommen werden, daß sie eine ausgeprägte Standorttreue besitzen. Doch beide Annahmen treffen kaum zu. Es ist wahrscheinlicher, daß sie über einen weit größeren Lebensraum verfügen, als man annehmen könnte. Die von südamerikanischen Süßwasser-Stechrochen besiedelten Gewässerabschnitte werden, wie vorgängig erwähnt, höchstens durch schwer zu passierende Stellen, wie beispielsweise Stromschnellen

Die Süßwasser-Stechrochen kommen nicht nur in Lagunen oder an seichten Uferzonen vor, sondern sind auch im tieferen Wasser der Flüsse anzutreffen.
Foto: W. Strickler

voneinander abgegrenzt. Ebenso bildet das Salzwasser, durch das Unvermögen der südamerikanischen Süßwasser-Stechrochen ins Meer vorzudringen, eine Barriere. Die dennoch noch sehr weitreichenden Süßwasser-Lebensräume werden vermutlich, zumindest zeitweise auch flächendeckend genutzt. Die Tiere sind sowohl im lehmgetrübten Wasser, wie auch in den „Laubzonen" des Klarwassers anzutreffen.

Die südamerikanischen Süßwasser-Stechrochen besitzen in ihrer Heimat eine erstaunlich weite Verbreitung. Neben dem Amazonas und seinen unzähligen Nebenflüssen sind sie auch im Gewässersystem des Orinokos und in vielen anderen Flüssen Südamerikas heimisch. Neben dem weitreichenden Verbreitungsgebiet fällt auch ihr überaus häufiges Vorkommen auf. Beinahe in jedem Fluß sind sie zu beobachten. Selbst im Amazonasstrom kommen sie in großer Zahl vor. Allerdings sind sie in den meist trüben Fluten kaum zu erspähen. Am ehesten sind die Tiere in den sandigen, seichten Uferzonen anzutreffen. Jedoch bemüht man sich tagsüber vergebens einen Rochen zu Gesicht zu bekommen. Stattdessen sind ihre verlassenen Aufenthaltsorte im Flußgrund in Form von kreisrunden Vertiefungen im Sand gut ersichtlich. Am Tage halten sich die Rochen vorwiegend in tieferen Wasserschichten auf und durchstreifen selbst die Überschwemmungszonen des Regenwalds. Die größten Populationsdichten besitzen die südamerikanischen Süßwasser-Stechrochen in den nahrungsreichen Stillwassern der Lagunen und Nebengewässern der Flüsse. Die nur sehr dünne Schlammschicht solcher Gewässerabschnitte weist Nahrung im Überfluß auf.

Die südamerikanischen Süßwasser-Stechrochen werden oft auch als Detritusfresser bezeichnet. Unter dem, aus dem Lateinischen stammenden Begriff „Detritus", werden feinste Teilchen organischer Substanzen, wie beispielsweise am Flußgrund liegende, langsam zerfallende Tier- und Pflanzenreste, verstanden. Daß neben allerlei lebenden Futtertieren, auch größere Mengen von Detritus vertilgt werden, ist sicher unbestritten. Deswegen sollten auch die Futtergaben im Aquarium einen gewissen Anteil an pflanzlichen Komponenten enthalten.

Im trüben Wasser bleibt das Treiben der Rochen im Verborgenen. Doch auch hier kann der Standort der Tiere erahnt werden. Überall dort wo aufsteigende Luftblasen, beziehungsweise Gärungsblasen, emporsteigen und die meist spiegelglatte Wasseroberfläche in Unruhe versetzen, befinden sich nicht selten nahrungssuchende Rochen darunter, die den Schlammboden „systematisch" nach allerlei Freßbarem durchstöbern. Am

Süßwasser-Stechrochen in der natürlichen Umgebung des Rio Arapiuns, Para, Brasilien.
Foto: M. Roggo

Süßwasser-Stechrochen im Rio Guapore. Bei dieser Art könnte es sich um P. scobina *handeln.*
Foto: M. Roggo

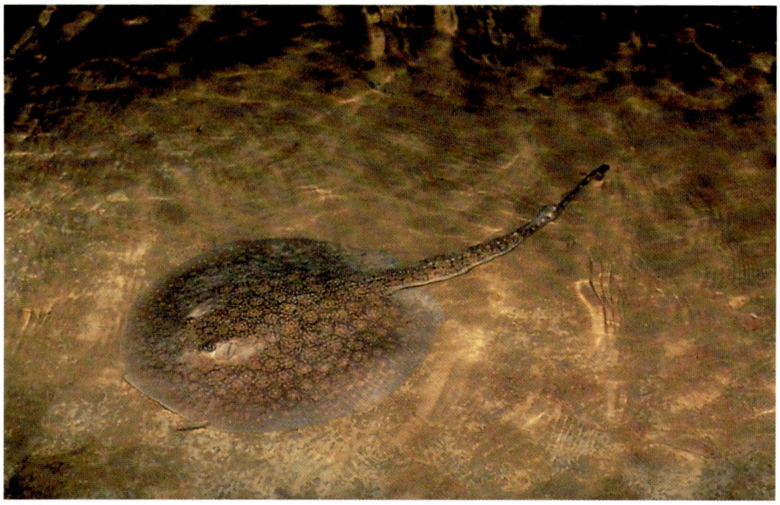

Nachts, nahe des Ufers im Rio Trombetas, Erepecuru fotografierter Süßwasser-Stechrochen der Art P. motoro.
Foto: M. Roggo

Flußgrund ruhende Rochen konnten bis in Tiefen von etwa 5 bis 8 m beobachtet werden. Vermutlich suchen sie jedoch auch noch um einiges tiefere Stellen auf. In wie weit sich die Tiere in die stellenweise bis über 100 m tiefen Fluten des Amazonas und seinen Nebenflüssen hinabwagen, ist nicht bekannt. Doch ist es nicht ganz auszuschließen, daß die Rochen bei ihren Streifzügen durch das freie Wasser gelegentlich in beachtliche Tiefen vordringen.

In der Abenddämmerung und des Nachts schwimmen die Rochen zu den seichten Uferzonen. Mit einer Taschenlampe ausgerüstet, sind sie dann, auch vom Ufer aus, gut zu entdecken. Auf der Futtersuche wagen sie sich dabei auch in größerer Anzahl in nur noch 5 cm tiefe Flachwasserzonen hinein. Auf 100 m Flußufer ist eine Dichte von sechs und mehr Tieren keine Seltenheit. Nun ist es nicht ratsam durch das seichte Wasser zu waten, da die Gefahr zu groß ist auf eines der Tiere zu treten und sich einen Rochenstich einzufangen. Schon der kleinste Kratzer des giftigen Stachels könnte beim Menschen Übelkeit und Kopfschmerzen hervorrufen.

An dieser Stelle soll dessen ungeachtet, die allgemein vorherrschende sowie als gesichert anzusehende Meinung, daß die Rochen des Fressens wegen in die seichten Uferzonen vordringen, etwas genauer betrachtet werden. Daß die Rochen als eigentliche Nachttiere in der Hauptsache auch während dieser Zeit fressen, ist unbestritten. Allerdings könnte noch ein weiterer Grund für die Vorliebe der Rochen für das seichte Wasser verantwortlich sein. Hier ist der verhältnismäßig hohe Sauerstoffbedarf der südamerikanischen Süßwasser-Stechrochen angesprochen. Die große Anzahl kreisförmiger Vertiefungen der verlassenen Aufenthaltsorte, sprich Ruheplätze der Rochen, läßt die Vermutung aufkommen, daß nicht nur die Futtersuche im seichten Wasser alleine im Vordergrund zu stehen scheint. So könnte je nach Gegebenheiten, durchaus der des Nachts in tieferen Wasserschichten absinkende Sauerstoffgehalt die

Rochen in die oberen Wasserschichten zwingen. Während des Tages kann dagegen der Sauerstoffgehalt auch im tieferen Wasser für die Rochen gerade noch ausreichen. Die Wasserpflanzen in Ufernähe, aber auch das Phytoplankton (Algen), produzieren hierfür den benötigten Sauerstoff. Des Nachts entfällt die Sauerstoffproduktion der Pflanzen und die im schlammigen Bodengrund lebenden Bakterien verbrauchen einen Großteil des vorhandenen Sauerstoffs. Den sauerstoffbedürftigen Rochen bleibt somit nichts anderes übrig, als sich in die oberen Wasserschichten zurückzuziehen. Nahe der Wasseroberfläche garantiert auch bei sehr langsam fließenden Gewässern der physikalische Gasaustausch zwischen Wasserkörper und der Atmosphäre einen höheren Sauerstoffgehalt des Wassers. Vielleicht suchen also die, bis ins wenige Zentimeter tiefe Wasser vordringenden Rochen nicht nur Futter, sondern sichern sich so eine ausreichende Sauerstoffversorgung. Allerdings ist dies nur eine Vermutung und gilt kaum für Gewässerabschnitte mit „normaler" Fließgeschwindigkeit.

Äußere Morphologie, Physiologie und Anatomie der Süßwasser-Stechrochen Südamerikas

Ihren entwicklungsgeschichtlichen Erfolg, verdanken die Elasmobranchier nicht zuletzt ihrem einfachen „Körperbauplan". Die äußere Morphologie, Physiologie und Anatomie der südamerikanischen Süßwasser Stechrochen unterscheidet sich in vieler Hinsicht nicht von vielen meeresbewohnenden Rochenarten. Das äußere Erscheinungsbild wird auch bei ihnen durch den scheibenförmigen, abgeplatteten Körperbau bestimmt. Wie das Aussehen sind auch bei südamerikanischen Süßwasser-Stechrochen die typischen Schwimmbewegungen zu beobachten. Dafür verantwortlich ist das bei fast allen Rochenarten vorkommende versteifte Rückengrat, welches den Bewegungsablauf beeinflußt. Die für Fische ansonsten so charakteristischen, seitlich schlängelnden Schwimmbewegungen entfallen somit bei den Rochen. Dafür dienen aber, die um die Körperpartie herum verlaufenden, vergleichsweise breiten Brustflossensäume der Fortbewegung. Durch die von vorn beim Kopf beginnend, beidseitig nach hinten verlaufenden wellenartigen Bewegungen der Brustflossen, ist ein erstaunlich gutes Vorwärtskommen gegeben. Das Rückenmark der Rochen und Haie stellt gewissermaßen auch den Prototyp für die Entwicklung der höher entwickelten Wirbeltiere dar.

An der Unterseite der Rochen befinden sich, vor dem Schwanzansatz, die Bauchflossen. Bei den männlichen Tieren befinden sich unmittelbar neben den Bauchflossen, gleich neben der Kloake ansetzend, jeweils ein sekundäres Geschlechtsorgan. Diese umgebildeten Bauchflossenfortsätze dienen zur inneren Befruchtung der Weibchen. Die röhrenartigen, gerollten Fortsätze sind gut erkennbar und eignen sich vorzüglich zur Geschlechterbestimmung. Die Afterflosse fehlt. Bei manchen Rochen, nicht aber bei den südamerikanischen Süßwasser-Stechrochen, fehlt auch die Schwanzflosse. Dagegen können bei manchen marinen Rochenarten auf dem Schwanzstiel eine bis zwei Rückenflossen in Erscheinung treten. Bei vielen heute bekannten südamerikanischen Süßwasser-Stechrochenarten sind eine Reihe von mehr oder weniger ausgeprägten spitzen Dornen zu sehen; die Rückenflossen fehlen. Die südamerikanischen Süßwasser-Stechrochen besitzen ebenfalls einen unübersehbaren, mit einem feinen Häutchen versehenen Stachel nahe des Schwanzendes. Unter dem Stachel wächst vielfach schon ein zweiter Stachel nach. In selteneren Fällen findet sich bei einigen Tieren auch bereits ein dritter, noch sehr kleiner Stachel, unter den ersten zwei, der diese bei gegebener Zeit ersetzen wird. Der Schwanzstachel, wie auch die eben genannten Dornen sind vergrößerte, modifizierte Placoidschuppen.

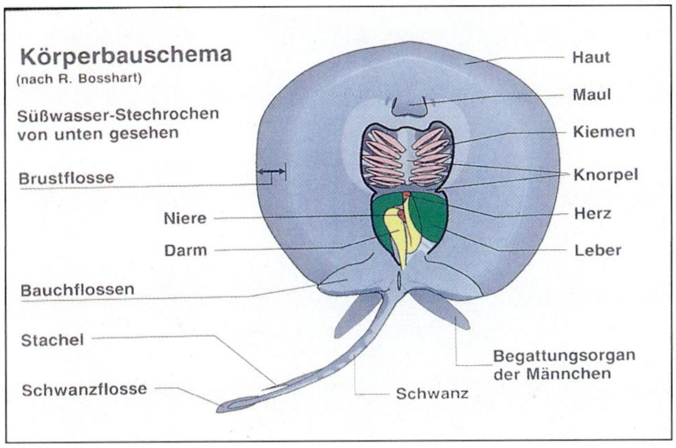

Weil von einem „Rochenstich" eine gewisse Gefahr ausgehen kann, stülpen die Fischimporteure den Tieren oft ein Kunststoffröhrchen über den Stachel. Gleichzeitig wird damit der Transport und das Fangen der Tiere aus dem Aquarium erleichtert. Das Kunststoffröhrchen darf nicht entfernt werden. Dies würde den Rochen mehr schaden als nutzen. Nach einiger Zeit von 4 bis 10 Monaten wird der Stachel normalerweise ohnehin abgestreift und durch einen neuen ersetzt. Somit fällt das Röhrchen auf natürliche Weise ab. Zumindest konnte dies bei *P. motoro* und *P. leopoldi* mehrfach beobachtet werden. Bei ausgewachsenen Tieren wird der Stachel

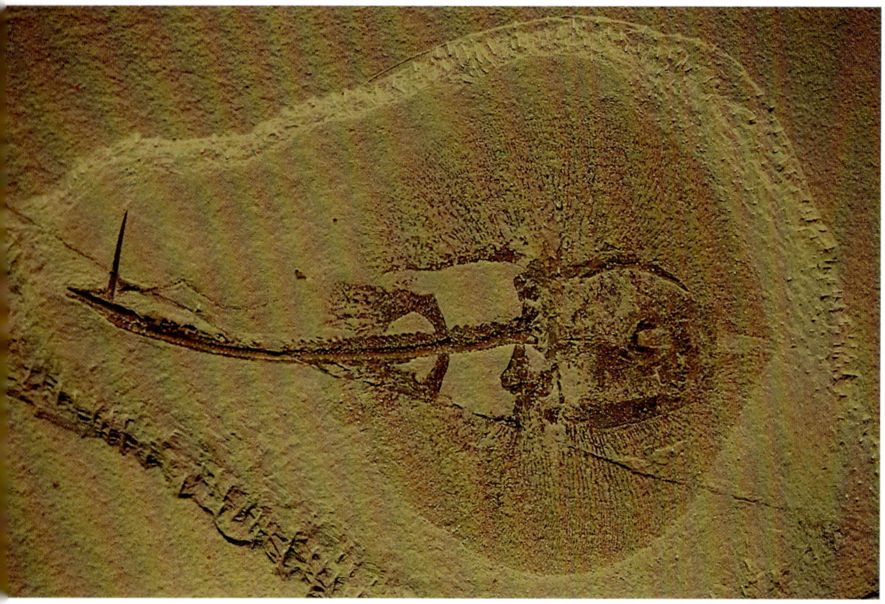

Dieses Bild eines fossilen Süßwasser-Stechrochens, Heliobatis radians, *aus dem Eozän, ausgegraben in Wyoming, USA, ergibt einen guten Eindruck des knorpeligen Skelettbaus der Rochen.*
Foto: H. Gonella

nur noch etwa einmal pro Jahr erneuert. Aber auch bei ihnen ist davon abzusehen, das Kunststoffröhrchen zu entfernen. Die Prozedur, das Röhrchen vom Widerhaken besetzten Stachel abzustreifen, würde die Tiere nur in eine unnötige Streßsituation versetzen, ganz geschweige von der Verletzungsgefahr für Mensch und Tier.

Der im festen Gewebe verankerte Rochenstachel leitet sich von Komplexen aus Placoidschuppen ab, ist flach, beidseitig gesägt und ist so hart, daß er bei einem kräftig ausgeführten Schwanzschlag des Rochens sogar in Holz eindringen kann. Der Stachel erhält seine „Gefährlichkeit" durch Giftzellen, möglicherweise auch in Ergänzung durch zwei miteinander verbundene Drüsen, nahe der Stachelbasis, die ein Giftsekret produzieren. Die ebenfalls nahe der Stachelbasis vermehrt vorkommenden schleimbildenden Zellen sind vermutlich für den Gifttransport zum Stachel verantwortlich. Wie der Gifttransport zum Stachel ist auch die Beschaffenheit des Gifts weitgehend unerforscht. Bei Meeres-Stechrochen enthält das Gift unter anderem Serotonin, freie Aminosäuren, Enzyme und Proteine. Auch über diese einzelnen oder „ähnlichen" Wirkstoffe bei südamerikanischen Süßwasser-Stechrochen, und ihre Verantwortlichkeit für die Vergiftungserscheinungen, ist kaum etwas bekannt. Die meist ausgeprägt gezackten Seiten des Rochenstachels helfen sehr wahrscheinlich mit, das über dem Stachel befindliche feine Häutchen beim Eindringen in den Körper des „Rochenfeinds" aufzureißen und die darunterliegende Giftmenge in größerer Quantität freizusetzen.

Auf der Oberseite des Kopfs befinden sich leicht erhöht die Augen. Diese können bei Bedarf regelrecht eingezogen werden. Das heißt, die Augenlider schieben sich gewissermaßen über die Augäpfel und verschließen sich so zu einem Schlitz. Bestimmt schützt dieser „Mechanismus" beim Eingraben in den Sand, damit Schmutzpartikel das Sehvermögen nicht beeinträchtigen können. Rochen können verhältnismäßig gut sehen. Interessant ist auch, daß die Augen der Rochen beim Widerschein des einfallenden Lichts, ähnlich wie bei Katzen, stark reflektieren, was als Augenschimmer bezeichnet wird. Daraus ist zu schließen, daß die Rochen in der Dunkelheit, auch bei einer sehr geringen Menge an Restlicht, ausgesprochen gut sehen können, da kleine „Spiegelplättchen" (Guaninkristalle) das Licht reflektieren und somit die Sehzellen um ein mehrfaches gereizt werden. Durch die hervorstehenden Augen besitzen die Rochen zudem ein gutes Sichtfeld.

Gleich hinter den Augen liegen gut erkennbar die Spritzlöcher. Die Spritzlöcher sind nichts anderes als „umgewandelte" Kiemenspalten. Diese zusätzlichen Eingänge für das Atemwasser sind bei vielen Hai- und allen Rochenarten vorhanden. Besonders bei den vorwiegend „bodenbewohnenden" Rochen, wozu man auch die südamerikanischen Süßwasser-Stechrochen zählen kann, ermöglichen die Spritzlöcher selbst im eingegrabenen Zustand ein ungestörtes Atmen. Gewöhnlich nehmen ja die Fische das Wasser durch den Mund auf und stoßen es durch die Kiemenöffnungen wieder hinaus, um den im Wasser gelösten Sauerstoff mittels der Kiemen aufnehmen zu können. Für einen im sandigen Bodengrund eingegrabenen Süßwasser-Stechrochen würde die ungehinderte Sauerstoffversorgung ohne die Spritzlöcher natürlich einige Probleme mit sich bringen. Die Kiemen wären umgehend mit dem durch das Maul eingeatmeten Sand-Wasser-Gemisch verstopft, was die Sauerstoffversorgung verunmöglichen würde. Aus diesem Grund übernehmen die Spritzlöcher die wichtige Aufgabe der zusätzlichen Atemwasserversorgung. Kaum im Bodengrund eingewühlt, bläst der Rochen seine Spritzlöcher frei. Nun kann das Wasser, frei von Schmutzpartikeln, durch die Öffnungen eingesaugt werden und auf diesem Wege in die Kiemenhöhlen gelangen. Das aufgenommene Atemwasser wird anschließend durch die Kiemenspalten wieder hinaus befördert. An der Unterseite des Rochenkörpers liegen die auf beiden Seiten in einer Reihe angeordneten Kiemenspalten, sprich Kiemenschlitze sozusagen als Gegenstück zu den bei Fischen üblichen Kiemendeckeln.

Nasenöffnungen fehlen auch nicht. Die Nasenöffnungen sind mit der Mundöffnung verbunden und durch je eine Hautfalte in Ein- und Ausströmöffnungen unterteilt. Ein optimales Riechen ist jedoch nur während des Schwimmens gegeben.

Vor den Kiemenspalten, unterhalb der Kopfpartie, befindet sich der durch einen „Hautlappen" eigentümlich geformte Mund.

Hinter der Mundöffnung, von Außen kaum sichtbar, liegen die Rochenzähne. Die obere und untere Zahnplatte setzen sich aus mehreren gleichzeitig im Gebrauch stehenden Zahnreihen zusammen. Die Besonderheit im Aufbau, respektive Gliederung der Zähne, verbindet die Rochen ebenfalls mit den Haien. Die südamerikanischen Süßwasser-Stechrochen sind mit flachen „Mahlzähnen" - auch Pflasterzähne genannt - ausgestattet und verfügen, wie die Haie auch, über eine erneuerbare Bezahnung. Das heißt, hinter der vordersten Zahnreihe befinden sich weitere, immer kleiner werdende Zahnreihen. Durch den natürlichen Wechsel der Zähne oder fällt gar auf Grund einer zu starken Beanspruchung einer der vorderen Zähne aus, schließt der nachfolgende Zahn die entstandene Lücke, indem er sich gewissermaßen nach vorne ausrichtet. Diese Zahnleisten der südamerikanischen Süßwasser-Stechrochen, mit permanentem Zahnersatz, eignen sich natürlich auch hervorragend, um hartschalige Futtertiere zu fressen.

Interessanterweise steht die Bezahnung der Rochen und Haie im engen Zusammenhang mit der Körperoberfläche der Tiere. Es steht fest, daß die Kieferbezahnung einer Weiterentwicklung der Hautzähne zuzuschreiben ist.

Berührt man die mit Zähnchen besetzte, lederartige Haut, wie sie bei manchen Rochenarten zu finden ist, erinnert diese an rauhes Sandpapier. Der rauhe Eindruck entsteht durch die eben angesprochenen Hautzähnchen, beziehungsweise durch die für Rochen und Haie typischen Placoidschuppen. Je nach Rochen- oder Haiart sind die Placoidschuppen sehr unterschiedlich geformt. Manche Rochen besitzen sogar auf dem Schwanz, in einer Reihe angeordnete, lange, stachelartige Placoidschuppen. Bei anderen Rochenarten (Torpedo) sind die Placoidschuppen stark zurückgebildet. Ansonsten sind die Placoidschuppen unregelmäßig auf dem Körper verteilt. Hauptsächlich ist bei den südamerikanischen Süßwasser-Stechrochen die Körperoberseite mit den charakteristischen Schuppen bedeckt. Stellenweise, insbesondere an der Körperunterseite ist die Haut „nackt". Die Bezeichnung Hautzähnchen rührt daher, weil die Spitzen der Placoidschuppen aus Zahnbein (Dentin) bestehen. Desweiteren sind die Schuppen mit Zahnschmelz überzogen. Der untere Teil einer Placoidschuppe verankert den sichtbaren Hautzahn mittels der sogenannten Basalplatte in der Hautoberfläche. Im Gegensatz zum knorpeligen Skelett besteht einzig diese Verankerung zu einem großen Teil auch aus Knochenmaterial, beziehungsweise aus verkalktem Bindegewebe. Aufgrund der Beschaffenheit der Beschuppung, zum Beispiel auf die haiähnlich geschlossene Beschuppung der Pristidae und Rhinobatidae, besteht zurecht die Vermutung, daß die Hautzähnchen den zurückentwickelten Rest einer einstmaligen, geschlossenen Hautpanzerung bei „Ur-Knorpelfischen" darstellen. Auch bei den heute noch lebenden Rochenarten, wie Sägerochen und Geigenrochen dienen die vorhanden Placoidschuppen gewissermaßen als Schutz vor mechanischer Einwirkung.

Eine weitere Besonderheit der Knorpelfische und somit

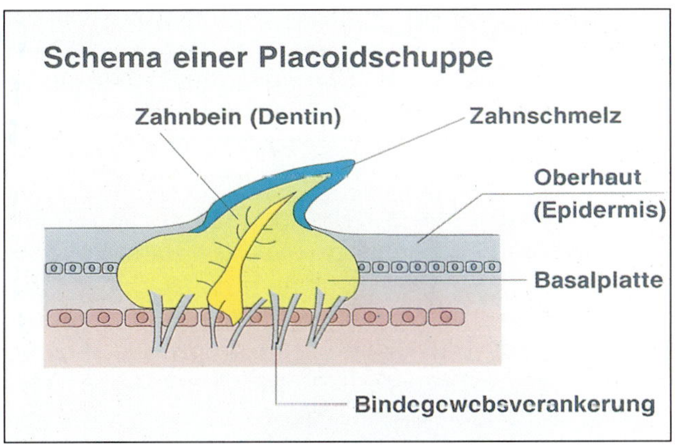

Die Haut der Süßwasser-Stechrochen ist mit unzähligen, kleinen Placoidschuppen besetzt. Das Schema zeigt den „Aufbau" einer Schuppe. Je nach Rochenart können aber die Schuppen sehr unterschiedlich geformt sein. Einige Arten besitzen neben flächigen Formen sogar spitz auslaufende Schuppen, die der Haut der Tiere die Sandpapierähnliche, rauhe Oberfläche verleihen.

auch der Rochen, stellt die Methode dar, wie diese Tiergruppe ihren körpereigenen Wasserhaushalt reguliert. Normalerweise verlieren Meerfische, aufgrund des hohen Salzgehaltes des Meerwassers, laufend Wasser durch ihre Haut an die Umgebung. Dem entsprechend werden die Meerfische über ihre durchlässige Hautoberfläche regelrecht entwässert. Dies erfordert, daß Meerfische den Wasserverlust durch Trinken ausgleichen müssen. Bei den Süßwasserfischen dringt im umgekehrten Sinn Wasser durch die Haut ein, welches wiederum mit dem Harn ausgeschieden wird. Ganz anders regulieren die im Meer lebenden Knorpelfische ihren körpereigenen Wasserhaushalt. Sie speichern in ihrem Gewebe, beziehungsweise im Blut größere Mengen an Harnstoff und erreichen somit ein isotonisches Gleichgewicht zum Meerwasser. Als Folge findet bei den Knorpelfischen keine, wie bei den Knochenfischen übliche starke Entwässerung des Körpers statt. Marine Elasmobranchier trinken normalerweise nicht, sondern nehmen das benötigte Wasser über die Kiemen auf. Es wird vermutet, daß diese besondere Anpassung an das Meerwasser, für das Eindringen in das Süßwasser hinderlich sei. Jedenfalls sind einige Beispiele bekannt, wo meerbewohnende Rochen- und Haiarten gelegentlich ins Süßwasser vordringen. Gesichert ist jedoch das Wissen über das Unvermögen der südamerikanischen Süßwasser-Stechrochen, wie die Mehrheit ihrer im Meer lebenden Verwandten, den marinen Elasmobranchiern, ihren angestammten Lebensraum zu verlassen. Bei den südamerikanischen Süßwasser-Stechrochen ist im Blut sehr wenig Harnstoff vorhanden, noch nicht einmal im stark verdünnten Meerwasser könnten sie den Wasserhaushalt osmotisch regulieren. Die, bei den marinen Elasmobranchiern, damit im Zusammenhang stehende Rektaldrüse, arbeitet bei den südamerikanischen Süßwasser-Stechrochen nicht mehr. Im Salzwasser würden sie schnell sterben.

Mit ihren auf der Oberseite liegenden Augen können die Rochen, die unter ihnen liegende, beziehungsweise im Bodengrund verborgene Beute nicht wahrnehmen. Allerdings können sie ihre Beute mittels Tast-, Riech- und Schmecksinn orten. Alle Elasmobranchier verfügen auch über einen „elektrischen Sinn", mit dem sie die von ihrer Beute durch Muskelkontraktionen ausgesandten Stromimpulse wahrnehmen können. Es ist also anzunehmen, daß auch die südamerikanischen Süßwasser-Stechrochen ein solches gut ausgebildetes zusätzliches Wahrnehmungsvermögen besitzen, um ihre im Bodengrund verborgene Nahrung aufzuspüren.

Den Knorpelfischen und somit auch den südamerikanischen Süßwasser-Stechrochen fehlt die Schwimmblase zur Regulierung des körpereigenen Auftriebs. Das bedeutet, daß die Fische sobald sie mit den Schwimmbewegungen aufhören unweigerlich zu Boden sinken. Anstelle der Schwimmblase nimmt der Darm einen Großteil des in der Bauchhöhle zur Verfügung stehenden Raums ein. Der Magen, beziehungsweise der Darm verläuft, hinter den Kiemenhöhlen beginnend, in Windungen verlaufend, entlang der Wirbelsäule bis zum After. Auffallend groß ist die Leber, die zusammen mit den anderen Organen, die am Körperende liegende, verhältnismäßig kleine Bauchhöhle ausfüllt.

Die Zahnplatten der Rochen bestehen aus vielen einzelnen Zähnen. Links: Fossile Zahnplatte eines Adlerrochens, Myliobatis *sp., aus dem Miozän/Pliozän, ausgegraben in Florida. Rechts oben: Zahnplatte eines Adlerrochens aus dem Eozän, ausgegraben in Marokko. Rechts unten: Einzelne Zähne einer ausgestorbenen Rochenart* Rhombodus binckhorsti, *Myliobatiformes. Foto: H. Gonella*

DIE SÜSSWASSER-STECHROCHEN SÜDAMERIKAS

Die nachfolgend beschriebenen südamerikanischen Süßwasser-Stechrochenarten, der Potamotrygoniden, bilden vermutlich nur einen Teil des tatsächlichen Artenreichtums dieser Fischfamilie. Und obgleich die Rochen am Flußufer leicht auszumachen sind, haben sie in den entlegeneren Gebieten noch so manche Zufluchtsorte, wo sie sich vor den neugierigen Augen der Menschen verbergen können. Mit Sicherheit „warten" noch einige Rochenarten auf ihre Entdeckung. Obgleich in der Aquaristik lange verbreitet, ist nur beschränkt bekannt, welche Arten für die Aquariumpflege besonders geeignet sind. Erschwerend kommt hinzu, daß die Tiere bestimmter Arten je nach Fanggebiet sehr unterschiedlich gefärbt sind und deshalb nicht selten Verwechslungen vorkommen können. Die Erfahrung zeigte, daß viele der im Handel angebotenen Arten durchaus im beschränkten Maße für die Aquariumpflege infrage kommen können. Zum einen hält sich die zu erwartende Körpergröße der südamerikanischen Süßwasser-Stechrochen in Grenzen. In sehr großen Aquarien können auch noch ausgewachsene Tiere zufriedenstellend gepflegt werden. Allerdings muß auch bei den meisten voll erwachsenen südamerikanischen Süßwasser-Stechrochen mit einer Körpergröße von 1 m und mehr gerechnet werden. Zum anderen verbringen sie ihr gesamtes Leben im Süßwasser, so daß ihnen in dieser Hinsicht wenig Nachteil erwächst, da selbst eine Fortpflanzung möglich wäre. Im Gegensatz dazu sollten die zeitweise im Süßwasser

Neben den Süßwasser-Stechrochen haben sich noch einige andere, vormals im Meer lebende Fischarten, an die Verhältnisse der amazonischen Gewässersysteme angepaßt. Das Bild zeigt einen Plattfisch. Im Süßwasser lebende Plattfische werden leider nur selten in Aquarien gepflegt, obwohl sie wahrscheinlich ein ebenso interessantes Verhalten wie die Rochen besitzen.
Foto: Aqualife Taiwan

lebenden euryhalinen Rochenarten nicht dauerhaft in Süßwasseraquarien gepflegt werden, da sie sich üblicherweise zur Fortpflanzung ins Meer begeben. Nicht nur aus diesem Grund sollte auf ihre Haltung, beziehungsweise Pflege, verzichtet werden. Da die südamerikanischen Süßwasser-Stechrochen einen festen Platz in der Aquaristik einnehmen und der bereits vorhandene Wissensstand eine artgerechte Pflege im Aquarium erlaubt, beschränken sich die Ausführungen in diesem Buch vorwiegend auf diese Arten. In wie weit die Pflegevoraussetzungen südamerikanischer Arten ihren asiatischen Verwandten gleichkommen, kann noch nicht umfassend beantwortet werden. Im großen und ganzen ähneln sich die Pflegebedürfnisse beider Rochengruppen, doch sollte alleine schon wegen der zu erwartenden Körpergröße bei asiatischen Rochenarten auf ihre Pflege im Heimaquarium verzichtet werden. Dasselbe gilt für die Süßwasserhaie und die Sägefische, die eine Körpergröße von weit über 2 m erreichen (Pristidae). Die Ausführungen zu den südamerikanischen Süßwasser-Stechrochenarten sind deshalb nur als Ergänzung zum Thema über ihre Verwandten aus Asien zu betrachten.

Die Systematik der südamerikanischen Süßwasser-Stechrochen

Die Systematik beinhaltet die Lehre vom natürlichen System der Tier- und Pflanzenwelt. In der Systematik werden alle bekannten, in der Natur vorkommenden Arten erfaßt und in ein hierarchisch gegliedertes System eingeordnet.

Wie andere Fischarten, werden auch die Knorpelfische in einer aufsteigenden Hierarchie zusammengefaßt. Die verschiedenen jeweils sehr nahe verwandten Arten erhalten eine Zuordnung in verschiedene Gattungen. Diese wiederum teilt man den verschiedenen Familien und einer der Ordnungen zu. Die Ordnungen der Haie und die Ordnung der Rochen bilden zusammen mit den Seedrachen die Klasse der Knorpelfische, die wiederum zur Überklasse der Gnathostomata (Kiefermäuler) zählen.

Die Ordnung der Rochen beinhaltet die Unterordnungen der Sägerochen, Geigenrochen, Elektrische Rochen und die der echten Rochen. Dazu kommt die Unterordnung der „Stachelrochenartigen", worin auch die Süßwasser-Stechrochen eingeordnet werden.

Anmerkung: Die vereinfachte Darstellung gibt bei weitem nicht den heutigen sehr komplexen Stand der Systematik wieder.

Nach COMPAGNO & COOK (1995) umfassen die lebenden Knorpelfische weltweit 923 bis 1117 Arten aus 171 Gattungen und 55 Familien. Hiervon kommen 43 Arten aus zehn Gattungen und vier Familien ausschließlich im Süßwasser vor. Zu den ausschließlich im Süßwasser lebenden Arten gehören einige Haie aus der Familie Carcharhinidae, beziehungsweise aus der Gattung *Glyphis,* mit einer darin eingeteilten Art. Die im Süßwasser lebenden Rochen mit einem peitschenförmigen Schwanz gehören zur Familie Dasyatidae und den Gattungen *Dasyatis* und *Himantura* mit je vier Arten. Und schließlich werden die in Südamerika lebenden Süßwasser-Stechrochen in der Familie Potamotrygonidae mit den Gattungen *Paratrygon* und *Plesiotrygon* mit je einer Art sowie der Gattung *Potamotrygon* mit etwa 18 Arten eingeteilt.

Mit der Systematik geht auch die wissenschaftliche Namensgebung einher. Die binäre Nomenklatur des schwedischen Wissenschaftler C. von LINNÉ erhielt ab 1758 ihre Gültigkeit und hat sich bis heute erhalten. Für die Namensgebung findet die lateinische oder latinisierte Sprache Verwendung, damit können auch im internationalen Sprachgebrauch keine Verwechslungen der Arten entstehen. Dem Gattungsnamen wird der Artname hinzugefügt. Handelt es sich bei einer Gruppe von Tieren um eine zu einer Art gehörenden Unterart wird dem Gattungs- und Artnamen noch ein dritter Name hinzugefügt.

Einfach ausgedrückt, handelt es sich bei einer Unterart um Individuen, die durch ihre unterschiedlichen Merkmale nicht zur bereits bestehenden Art eingeteilt werden können. Andererseits fehlt es an ausreichend abweichenden Merkmalen, um die Beschreibung einer neuen Art rechtfertigen zu können. Da beispielsweise davon ausgegangen werden kann, daß diese Tiere aus einer bestehenden Art hervorgegangen sein könnten, scheint die Einteilung der „neuen" Unterart zu einer bestehenden Art als sehr sinnvoll.

Sofern die nötigen Kenntnisse vorhanden sind, kann die wissenschaftliche Beschreibung einer neuen Art durch „jedermann" durchgeführt werden. In der Regel führen aber von Zeit zu Zeit wissenschaftlich ausgebildete Fachspezialisten eine Überprüfung gewisser Fischgruppen durch. Selbstverständlich unterliegen die wissenschaftlichen Arbeitsmethoden einer steten Veränderung, beziehungsweise Verbesserung. So können neue Erkenntnisse auch Umbenennungen bestimmter Arten, zum Beispiel in neue Gattungen zur Folge haben.

Einige Fischgruppen, dazu gehören auch die Süßwasser-Stechrochen der Gattung *Potamotrygon,* besitzen eine ausgesprochene Variabilität innerhalb bestimmter Arten. Auf den ersten Blick macht sich dies natürlich bei den unterschiedlichsten Körperfärbungen bemerkbar. Weiterhin ist vielfach ungeklärt, ob sich die Jugendfärbung einzelner Arten im Erwachsenenalter einer Ver-

Aufgrund ihrer sehr unterschiedlichen Körperfärbung und der bei einzelnen Tieren einer Art abweichenden Körperzeichnung können die Süßwasser-Stechrochen oftmals nicht mit Sicherheit einer bestimmten Art zugeordnet werden. Das Bild zeigt vermutlich eine unbekannte Art aus der Gattung Plesiotrygon.
Foto: Aqualife Taiwan

änderung unterzieht. Ebenso können „Gemüts- oder Gesundheitszustände" den Tieren ein völlig anderes Erscheinungsbild verleihen. So ist es für den Nichtfachmann meist unmöglich festzustellen, ob es sich bei unterschiedlich ausgefärbten Tieren um ein und dieselbe Art, eine Unterart oder sogar um eine neue Art handeln könnte. Leider gehören die Süßwasser-Stechrochen nicht gerade zu jenen Fischarten, die durch ausgewiesene Fachleute regelmäßig klassifiziert werden. Hingegen werden laufend „unbekannte" Arten gefangen und gelangen in den Handel. Um nun diese Tiere zumindest bis zu einer Klassifizierung voneinander unterscheiden zu können, hat man in Japan damit begonnen, die noch „unbekannten" Süßwasser-Stechrochenarten mit einem „Nummerncode" zu versehen. Diesen übernahmen auch die Importeure und Aquarianer in Europa. Ähnlich wie bei den Welsen, erhalten so die Tiere der Gattung *Potamotrygon* die Bezeichnung P1, P2 und so weiter. Eine Durchnumerierung wird zwar hierzulande nicht als sehr zufriedenstellend empfunden, um jedoch die allgemeine Verwirrung der Namensbezeichnungen nicht noch zu vergrößern, werden die Nummern auch in Deutschland benutzt. Andererseits liegt auch die Vermutung nahe, daß es sich bei den meisten nach Europa eingeführten und „unbekannten" südamerikanischen Süßwasser-Stechrochen tatsächlich um bereits bekannte Arten handelt. Wahrscheinlich liegt es doch eher an den bei einzelnen Rochenarten auftretenden Farbvarianten, die eine Zuordnung aufgrund äußerer Merkmale beinahe unmöglich machen, als daß es noch viele Rochen ohne wissenschaftliche Namensbezeichnung zu klassifizieren gäbe. Übrigens geht es da auch den Wissenschaftlern nicht anders, die sieben nur als einzelne Exemplare bekannte „Arten" im Zusammenhang mit der Einteilung der Potamotrygoniden kennen. Aufgrund der verwischten Grenzen bei den üblicherweise zweifelsfrei zu trennenden Merkmale können sie nicht einwandfrei einer Art zugeordnet werden. Wiederum bestehen ebenso keine Voraussetzungen um neue Arten oder Gattungen zu schaffen.

Die verschiedenen südamerikanischen Süßwasser-Stechrochenarten

Die nachfolgende Klassifizierung der Arten beruht auf der Arbeit, beziehungsweise der bis heute unveröffentlichten Dissertation und Artenzusammenstellung von Dr. Ricardo de SOUZA ROSA von 1985. Somit ist die Arbeit nomenklatorisch irrelevant! Trotzdem ist diese Artenzusammenstellung für aquaristische Zwecke überaus aufschlußreich. Zugleich werden hier, die wesentlichsten Synonyme erwähnt. Es ist durchaus möglich, daß die Zusammenstellung der Arten in der Zukunft Veränderungen erfahren kann, oder daß neue Arten hinzukommen.
Nach der Arbeit von NISHIDA von 1990, ist bei der revidierten Klassifikation der Unterordnung Myliobatidoidei die Familie Potamotrygonidae entfallen und in die Familie Dasyatididae eingegliedert worden - mit Vorbehalt betreffend *Paratrygon* und *Plesiotrygon*. Die Familie Dasyatididae umfaßt heute die Gattungen *Potamotrygon, Taeniura, Dasyatis* und *Himantura*.
Die zu den jeweiligen Angaben über die verschiedenen Arten gehörenden Illustrationen sind keine absolut verbindlichen Abbildungen, die über das tatsächliche Äußere der Tiere Auskunft geben. Zum Einen verfügen einzelne Arten über eine große Variabilität bezüglich Farbgebung und Ausbildung der jeweiligen Muster. Zum Andern können Farben oder Körperzeichnung im Laufe des Wachstums irreführenden Veränderungen unterliegen. Und nicht zuletzt dient die unauffällige Körperfärbung der meisten Arten zur Tarnung, so daß auffällige Farben oder Muster fehlen.
Die bewußt anschaulich ausgeführten Illustrationen sind jedoch, soweit möglich, durchaus zur Artbestimmung geeignet, da sie die entsprechenden Farb- und Zeichnungsmerkmale besonders klar hervorheben. Dafür muß jedoch in Kauf genommem werden, daß die Illustrationen nicht in jedem Fall bezüglich der Zeichnungen, beziehungsweise Muster der Rochen proportional zum Körperumfang richtig ausgeführt sind. Weiterhin ist auch darauf hinzuweisen, daß einige Arten aufgrund ihres äußeren Erscheinungsbilds kaum mit Sicherheit bestimmt werden können. Besonders, wenn gesicherte Angaben über den Herkunftsort fehlen, lassen sich leider nur Vermutungen zur Artzugehörigkeit anstellen.

Gattung *Plesiotrygon:*

Plesiotrygon iwamae

ROSA, CASTELLO & THORSON, 1985

Synonyme: - (Diese „neue" Art aus der ebenfalls „neuen" Gattung wurde bisher mit anderen, ähnlich aussehenden Arten, wie *Paratrygon aiereba* verwechselt.)

Vorkommen: Amazonas in der Nähe von Manaus, Brasilien und im Rio Napo in Equador

Körperfarbe: Die Grundfärbung besteht aus einem fahlen, Gelblichbraun bis Gräulichbraun. Darauf befinden sich wenige, kleine und schmale schwarze Punkte sowie viele kleine weiße Punkte, die rosettenartige Muster ergeben. Nach Außen hin nimmt die Körperzeichnung ab. Bei Jungtieren ist die Farbgebung heller und die Punkte sind verhältnismäßig größer.

Besonderes: Die Art lebt vorzugsweise in tieferen Wasserschichten der Flüsse. Auch ohne den beachtlichen peitschenförmigen Schwanz erreichen diese Rochen eine Körpergröße von weit über 50 cm. Für die Pflege in Heimaquarien ungeeignet.

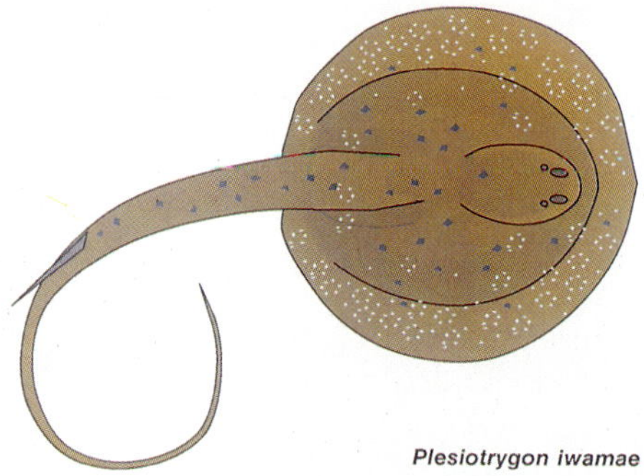

Plesiotrygon iwamae

Gattung *Potamotrygon:*

Potamotrygon brachyura

(GÜNTHER, 1880)

Synonyme: *Trygon brachyurus, Potamotrygon brachyurus, P. brachyura, P. brumi, P. bruni, Ellipesurus brachyurus, Paratrygon brachyurus*

Vorkommen: Im Nordosten von Argentinien, westliches Brasilien (Mato Grosso), Zentral Paraguay und westliches Uruguay

Körperfarbe: Braune Grundfärbung mit dunklen, breiten sowie kreisförmigen, netzartigen Mustern, die sich auf Körper und Schwanz verteilen. Jedoch fehlen diese Zeichnungen auf dem Flossensaum.

Besonderes: Bezüglich der Pflege im Aquarium ist über diese Art nichts Gesichertes bekannt.

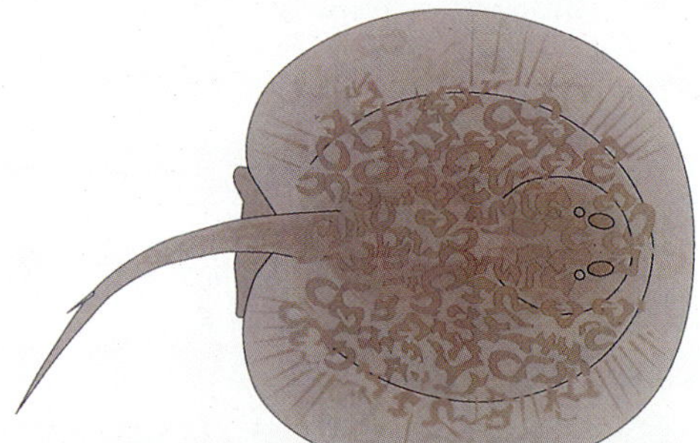

Potamotrygon brachyura

Potamotrygon castexi

CASTELLO & YAGOLKOWSKI, 1969

Synonyme: -

Vorkommen: Nordost Argentinien, Zentral Paraguay, im Osten Boliviens und Peru sowie im Westen von Brasilien

Körperfarbe: Hellbraun bis dunkelbraun mit vielen kleinen, kreis- bis nierenförmigen gelben Punkten gesprenkelt. Bei Jungtieren sind die Punkte in gewundenen Linien angeordnet. Erwachsene Exemplare besitzen dafür durch die Punkte angedeutete rosettenartige Muster. Manche Exemplare verfügen am Rande der Flossensäume über gelbe sowie schwarze Augenflecken. Gelegentlich sind auch auf dem Körper einzelne schwarze Punkte zu sehen.

Besonderes: Bezüglich der Pflege im Aquarium ist über diese Art nichts Gesichertes bekannt.

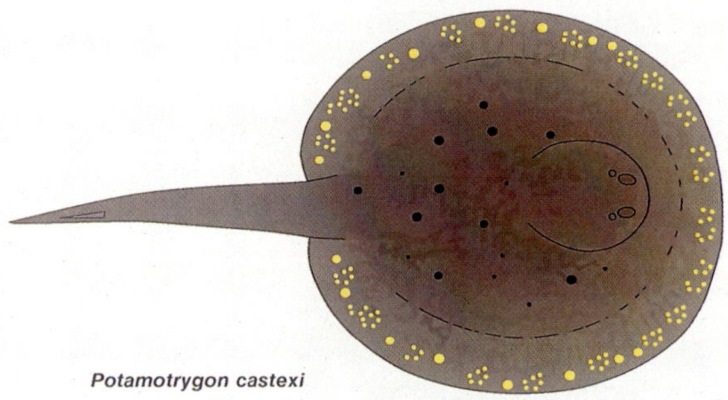

Potamotrygon castexi

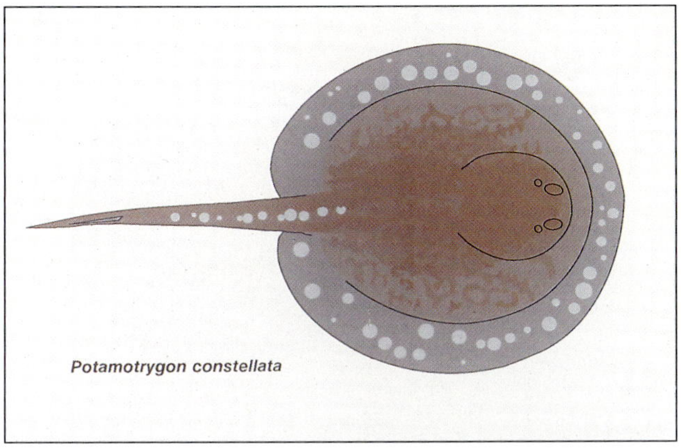

Potamotrygon constellata

(VAILLANT, 1880)

Synonyme: *Taeniura constellata, P. circularis, Paratrygon circularis*

Vorkommen: Amazonas, Brasilien

Körperfarbe: Braune bis fahlgrau-bräunliche Grundfarbe, die auf den Flossensäumen unregelmäßig verteilte, weiße Punkte aufweist. Einige Exemplare besitzen dunkle, netzartige Muster, die besonders bei hellgefärbten Tieren zum Vorschein kommen.

Besonderes: Bezüglich der Pflege im Aquarium ist über diese Art nichts Gesichertes bekannt.

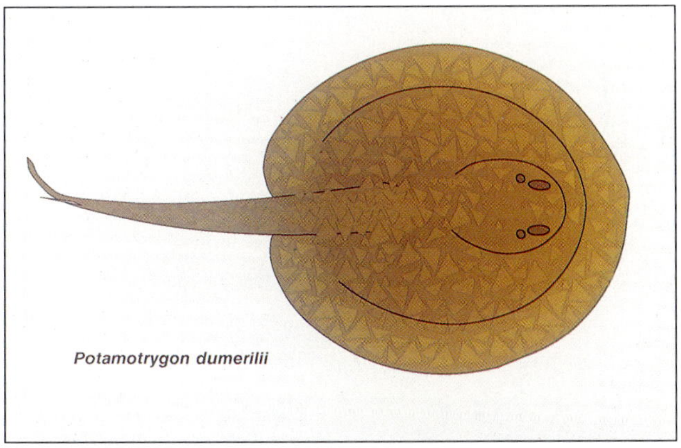

Potamotrygon dumerilii

(CASTELNAU, 1855)

Synonyme: *Trygon dumerilii, Taenura dumerilii, Paratrygon dumerilii, Ellipesurus dumerilii, P. dumerilii* (GERMAN, 1877)

Vorkommen: Rio Paraná und Rio Paraguay sowie Rio Araguaia in Brasilien

Körperfarbe: Diese Art besitzt eine hellbraune Grundfärbung, mit dunklen mehr oder weniger unterbrochenen Linien, die ein Netzmuster ergeben. Einige Exemplare besitzen zudem dunkle Punkte. Innerhalb der Netzmuster können dreieckförmige, gelblichbraune Figuren die Körperzeichnung vervollständigen. Auf dem Schwanz befindet sich eine unregelmäßig angeordnete Dornenreihe.

Besonderes: Die Art wird gerne mit anderen sehr ähnlich aussehenden Arten verwechselt.

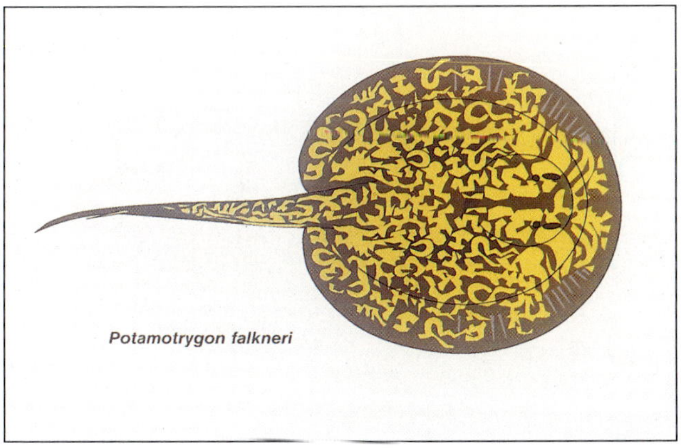

Potamotrygon falkneri

CASTEX & MACIEL, 1963

Synonyme: *P. vistrix, P. hystrix, P. menchacai*

Vorkommen: Nordöstliches Argentinien, Zentral Paraguay und im Westen von Brasilien

Körperfarbe: Eine dunkelbraune Grundfärbung mit vielen unregelmäßigen, ovalen oder nierenförmigen, gelben oder weißen Punkten, beziehungsweise Flecken, ergeben die charakteristische Körperfärbung. Die Art verfügt über einen relativ kurzen Schwanz. Jungtiere besitzen eine glatte Haut, die Schwanzdornen fehlen.

Besonderes: Diese Art ist auch in schneller fließenden Gewässerabschnitten anzutreffen.

Potamotrygon henlei
(CASTELNAU, 1855)
Synonyme: *Trygon henlei, Taenura henlei, Taeniura henlei*
Vorkommen: Nord Brasilien im Rio Tocantins und Rio Araguaia. (Vermutlich kommt die Art nur in diesen beiden Flüssen vor.)
Körperfarbe: Diese Tiere besitzen gelbe oder orange „Augenflecken" auf dunklem, olivbraunem bis dunkelbraunem, ja beinahe schwarzem Hintergrund. Hin und wieder treten in den hellen Punkten auch schwarze Flecken auf. Ebenso können die hellen Flecken „unscharfe" Umriße aufweisen. Erwachsene Exemplare besitzen sehr unregelmäßig geformte Punkte.
Besonderes: Die Art ähnelt sehr an *P. leopoldi.*

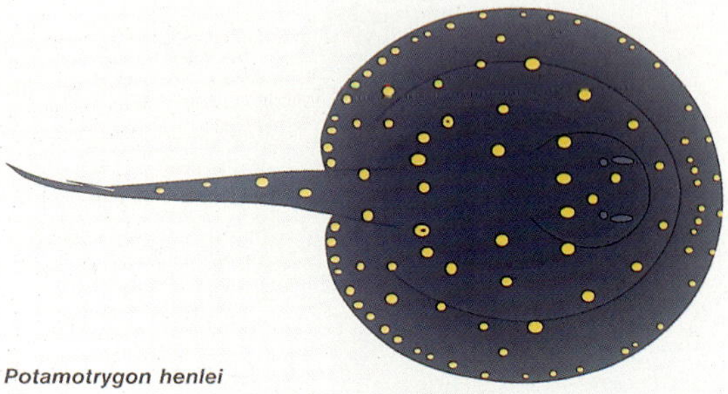

Potamotrygon henlei

Potamotrygon histrix
(MÜLLER & HENLE, 1834)
Synonyme: *P. hystrix, Trygon histrix, Trigon histrix, Taeniura hystrix, Paratrygon hystrix, Ellipesurus hystrix, E. histrix*
Vorkommen: Rio Paraná in Argentinien.
Körperfarbe: Die dunkelbraune Körperfarbe kann einen leicht violetten Farbton aufweisen. Schlangenlinienartige dunkle Muster ergeben je nach Exemplar ein unterschiedliches Aussehen. Entlang der Flossensäume befinden sich viele kleine, helle Punkte. Auf dem Schwanz sind in zwei oder drei Reihen angeordnete kleine Dornen festzustellen.
Besonderes: Dieser Art wird nachgesagt, daß sie außerhalb der Paarungszeit eine einzelgängerische Lebensweise besitzt.

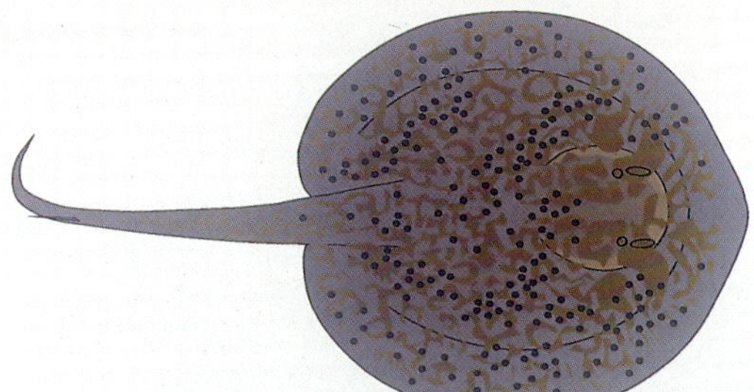

Potamotrygon histrix

Potamptrygon humerosa
GARMAN, 1913
Synonyme: -
Vorkommen: Nord Brasilien, Rio Tapajós bis Rio Pará.
Körperfarbe: Die Art besitzt ein dunkles Netzmuster auf einem hellbraunen bis braunen Hintergrund.
Besonderes: Auffällig ist bei dieser Art der verhältnismäßig lange Stachel.

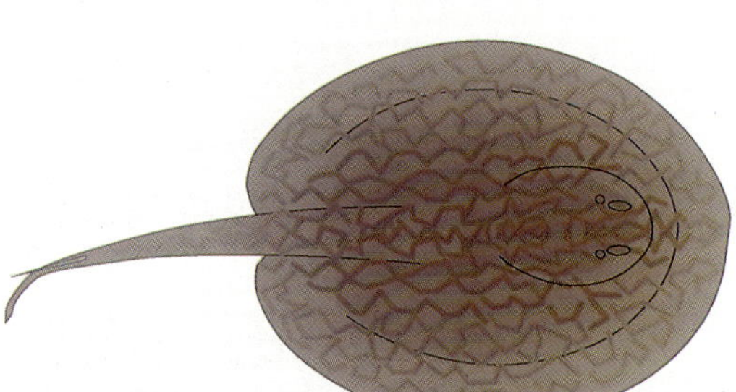

Potamotrygon humerosa

Potamotrygon leopoldi

CASTEX & CASTELLO, 1970
Synonyme: -
Vorkommen: Brasilien, Rio Xingu sowie Mato Grosso
Körperfarbe: Die weißen oder gelben Punkte liegen unregelmäßig verteilt auf der schwarzen Körperoberfläche. Gelegentlich können die Punkte ein schwarzes Zentrum besitzen, welches gegebenenfalls unterbrochene Kreise bildet. Auf dem Schwanz befinden sich drei parallele Dornenreihen. *P. leopoldi* besitzt eine etwas schmalere Kopfpartie als *P. henlei*.
Besonderes: *P. leopoldi* und *P. henlei* werden oft miteinander verwechselt. *P. leopoldi* wird, des interessanten Aussehens wegen häufig importiert.

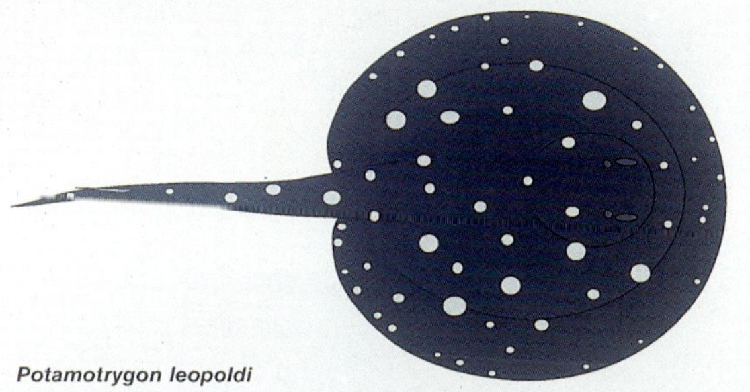

Potamotrygon leopoldi

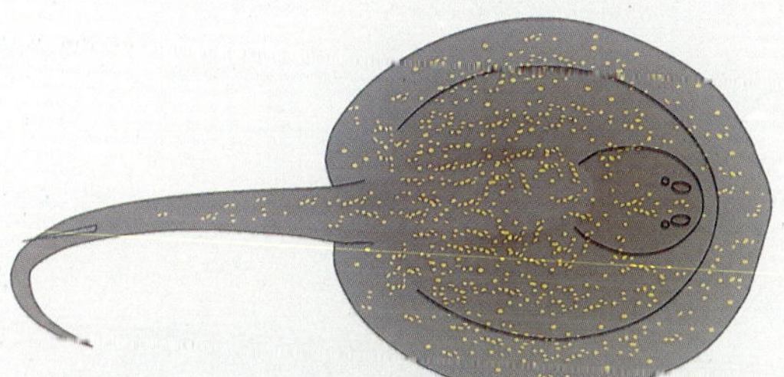

Potamotrygon magdalenae

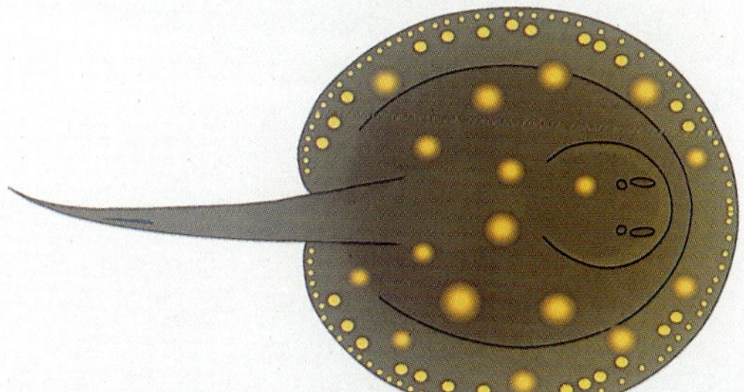

Potamotrygon motoro

Potamotrygon magdalenae

(VALENCIENNES, 1865)
Synonyme: *P. magdalenae* (nicht VALENCIENNES), *Taeniura magdalenae, Taenura magdalenae, Paratrygon magdalenae*
Körperfarbe: Die Körperfarbe ist hellbraun bis braun. Erwachsene Tiere besitzen eine sehr dunkle, braune Farbgebung. Insbesondere nach Außen hin treten unregelmäßig verteilte gelbliche Punkte auf. Gelegentlich sind die Punkte in schlangenartigen Linien angeordnet. Zum Körperrand hin nehmen sie jedoch wieder an Häufigkeit ab. Ältere Tiere verlieren viele ihrer Punkte, beziehungsweise die Punkte verlieren an Farbintensität.
Vorkommen: Nord Kolumbien im Rio Magdalena und Rio Atrato.
Besonderes: Bezüglich der Pflege im Aquarium ist über diese Art nichts Gesichertes bekannt.

Potamotrygon motoro

(NATTERER, 1841)
Synonyme: *Raja motoro, P. motoro* (nicht NATTERER), *Potamotrygon laticeps, Taeniura motoro, Trygon mulleri, Ellipesurus motoro, Potamotrygon circularis, Paratrygon motoro*
Vorkommen: Amazonas und Orinoco; die Art besitzt eine weite Verbreitung und kann häufig beobachtet werden.
Körperfarbe: Die Grundfärbung von *P. motoro* besteht aus olivbraun bis einem dunkeln Grau-braun. Entlang des Körperrands liegen unregelmäßig angeordnete, gelbe oder orange Augenflecken sowie viele kreisförmige Punkte. In Körpermitte und auf dem Schwanz fehlen manchmal die Augenflecken.
Besonderes: *P. motoro,* auf Deutsch Pfauenaugen-Stechrochen genannt, zählt wohl bei den Aquarianern zu den bekanntesten Süßwasser-Stechrochen. Größenangaben in der Fachliteratur bezeichnen *P. laticeps,* als Fische mit 30 cm Körperdurchmesser. Dagegen beläuft sich der zu erwartende Körperdurchmesser von *P. motoro* um 80 cm. Da es sich bei beiden um dieselbe Art handelt, liegt bei der niedrigeren Größenangabe sehr wahrscheinlich ein Irrtum vor. Möglich ist auch, daß einzelne Tiere im Aquarium durch gewisse Umstände nicht ihre volle Körpergröße erreichen.

Potamotrygon ocellata
(ENGELHARDT, 1912)
Synonyme: *Trygon hystrix ocellata.*
Vorkommen: Amazonas in Mexiana und Mecapá.
Körperfarbe: Die Grundfarbe besteht aus olivebraun bis braun. Die Tiere besitzen tieforange bis rostigrote, unregelmäßige Augenflecken. Normalerweise besitzen die Augenflecken einen dunklen Ring und nehmen gegen außen an Häufigkeit ab. Gegenüber *P. motoro* besitzen die Augenflecken bei *P. ocellata* eine unregelmäßigere Formgebung. Auf dem Schwanz befinden sich in einer Reihe angeordnete Dornen.
Besonderes: Die Art erinnert auf den ersten Blick an *P. motoro* und wird vermutlich deshalb oft verwechselt.

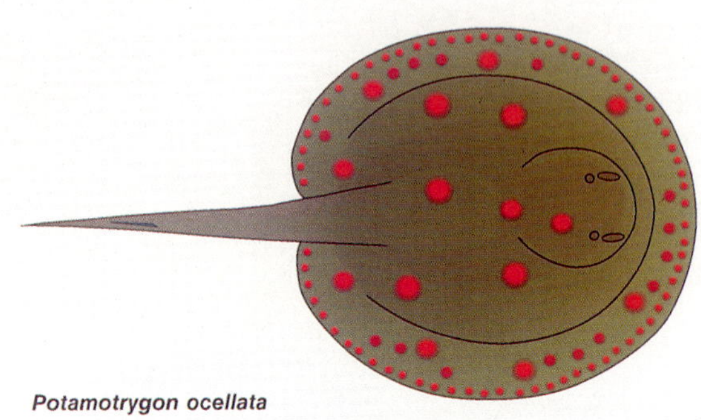
Potamotrygon ocellata

Potamotrygon orbignyi
(CASTELNAU, 1855)
Synonyme: *P. reticulatus, P. d'orbignyi, Trygon d'orbignyi, T. reticulatus, Toenura orbignyi, Taeniura orbignyi, Paratrygon reticulatus, Ellipesurus reticulatus, E. orbignyi.*
Vorkommen: Amazonas und Orinoco sowie in Kolumbien und Surinam.
Körperfarbe: Die hellbraune Körperoberfläche wird durch ein Netzwerk rundlich geformter Linien durchzogen. Die daraus entstehenden Muster sind sehr unterschiedlich stark ausgeprägt. Manche Exemplare besitzen am Körperrand kleine, gelbe Punkte. Entsprechend der relativ glatten Haut fehlen die Dornen entlang des Schwanzes.
Besonderes: Die Art wird häufig unter ihrem „alten" Namen *P. reticulatus* importiert.

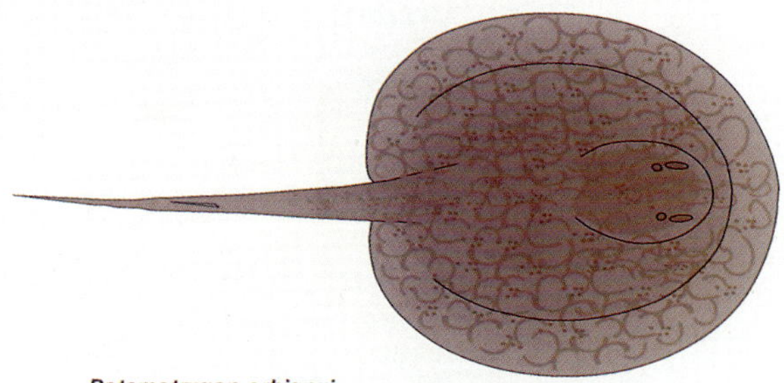
Potamotrygon orbignyi

Potamotrygon schroederi
FERNÁNDEZ-YÉPEZ, 1957
Synonyme: -
Vorkommen: Orinoco in Venezuela und Rio Negro in Brasilien; die Art kommt flußabwärts bis nach Manaus vor.
Körperfarbe: Diese Art besitzt eine hellbraune bis dunkelgrau-bläulichbraune Hintergrundfarbe. Gelegentlich treten weiße, gelbe oder schwarze Punkte auf, die in rosettenartigen Mustern angeordnet sein können. Die Punkte nehmen zum Körperrand hin ab.
Besonderes: Die Art wird wahrscheinlich hin und wieder importiert. Trotzdem ist bezüglich der Pflege im Aquarium wenig Gesichertes bekannt.

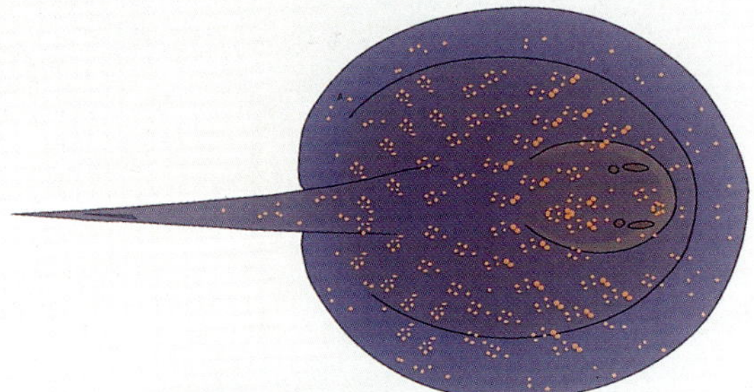
Potamotrygon schroederi

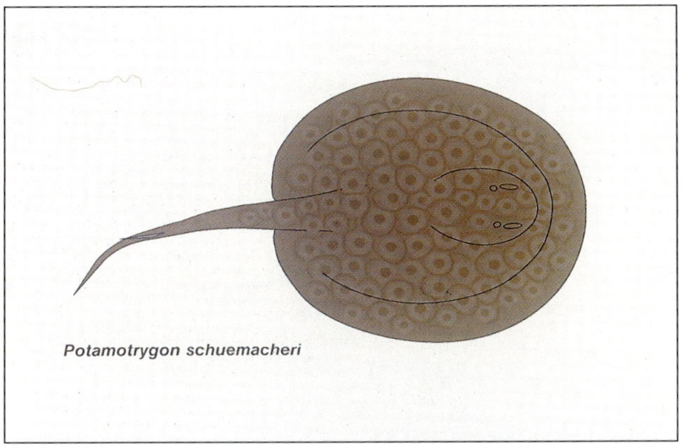

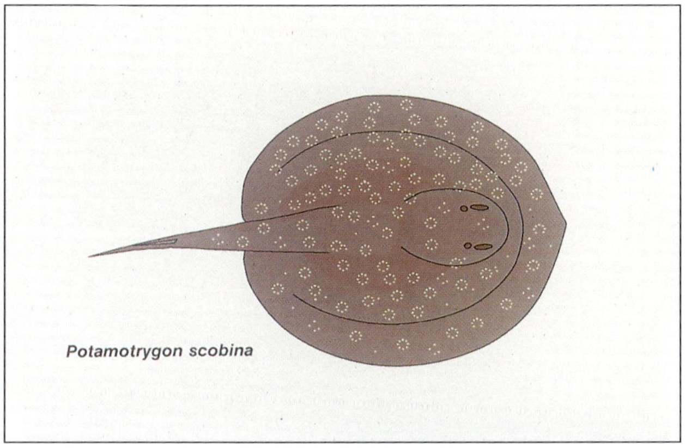

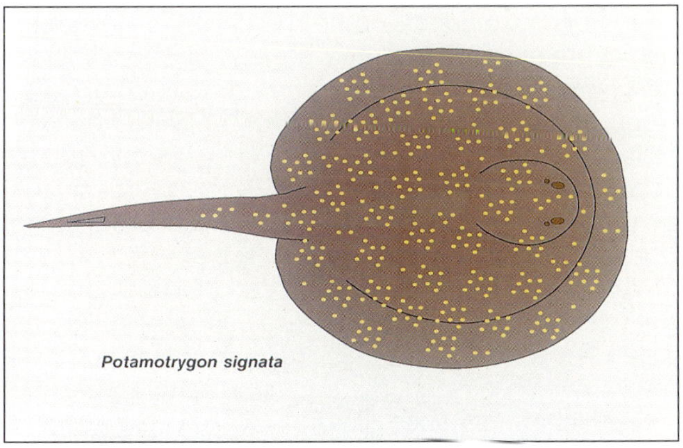

Potamotrygon schuemacheri
CASTEX, 1964
Synonyme: Aufgrund verschiedenster Schreibweisen des Artnamens, wie *P. schühmacheri* und anderes, korrigierte TANIUCHI 1982 die Bezeichnung auf die heutige gültige Form.
Vorkommen: Rio Colastiné Sur, Argentinien.
Körperfarbe: Diese Rochen verfügen über eine gelblichbraune Grundfarbe mit dunklen zum Rand hin abnehmenden netzartigen Mustern. Im Zentrum können dunkle, fleckenartige Stellen die Farbgebung charakterisieren.
Besonderes: Bezüglich der Pflege im Aquarium ist über diese Art nichts Gesichertes bekannt.

Potamotrygon scobina
GARMAN, 1913
Synonyme: -
Vorkommen: Amazonas von Manaus bis Belém und Paráregion sowie Rio Tocantins nahe Cametá.
Körperfarbe: Die Grundfarbe besteht aus einer hellbraunen bis rostbraunen Farbgebung. Besonders am Rande konzentrieren sich viele kleine, weiße oder hellgelbe Punkte mit einer ovalen oder nierenförmigen Formgebung. Hin und wieder bilden die Punkte Rosetten oder gewundene Linienmuster.
Besonderes: Diese Art könnte im Jugendstadium mit *P. motoro* verwechselt werden, da sie einander ähnlich sehen. Vermutlich wurde die Art bereits wiederholt unter dem Namen *P. motoro* nach Europa eingeführt.

Potamotrygon signata
GARMAN, 1913
Synonyme: *P. signatus, Paratrygon signatus.*
Vorkommen: Es besteht die Möglichkeit, daß die Art nur im Gewässersystem des Rio Paranaíba, Brasilien vorkommt.
Körperfarbe: Diese Rochen besitzen eine braune, leicht rötlich schimmernde Farbgebung. Am Rande des Körpers entlang können vor allem bei den Jungtieren gelbe Punkte beobachtet werden. Ansonsten sind die Tiere leicht gesprenkelt. Gelegentlich formen die Punkte schlangenlinienartige Muster oder es entstehen netzwerkartige Gebilde. Erwachsene Tiere besitzen in Zweier- oder Dreierreihen angeordnete Schwanzdornen.
Besonderes: Die Art kann im Jugendstadium wahrscheinlich mit *P. motoro* verwechselt werden.

Potamotrygon yepezi

CASTEX & CASTELLO, 1970
Synonyme: *P. hystrix, P. magdalenae, Trygon hystrix.*
Vorkommen: Die Art ist wahrscheinlich nur in den Gewässersystemen um Maracaibo in Venezuela zu finden.
Körperfarbe: Auf der hellbraunen bis dunklen, fahlgrau-braunen Körperoberfläche finden sich normalerweise unregelmäßig verstreute schwarze, gelegentlich auch gelbe Punkte, die auf heller gefärbten Exemplaren weit deutlicher zu sehen sind.
Besonderes: Bezüglich der Pflege im Aquarium ist über diese Art nichts Gesichertes bekannt.

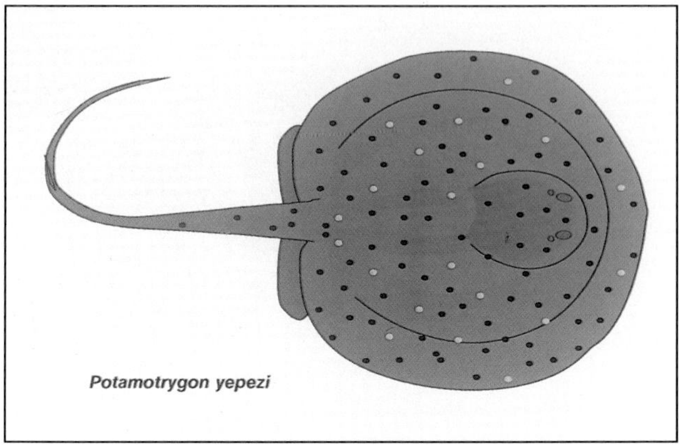

Gattung *Paratrygon:*

Paratrygon aiereba

(MÜLLER & HENLE, 1841)
Synonyme: *P. strongylopterus, P. aiereba* (nicht MÜLLER & HENLE), *Potamotrygon strongylopterus, Trygon strogylopterus, T. (Himantura) strogylopterus, T. (Paratrygon) aiereba, T. strongyloptera, Disceus strongylopterus, Ellipesurus, bzw. Elipesurus strongylopterus.*
Vorkommen: Nord Brasilien, Amazonas und Paráregion, Nord Bolivien, Ost Peru, Orinoco in Venezuela
Körperfarbe: Eine hellbraune bis gräulichbraune Grundfarbe kennzeichnet diese Rochenart. Die Oberfläche ist mit einem dunklen Netzmuster überzogen.
Besonderes: Die Art besitzt einen relativ breiten, nicht sehr regelmäßig abgerundeten, ja beinahe „eckigen" Körperbau. Bezüglich der Pflege im Aquarium ist über diese Art nichts Gesichertes bekannt.

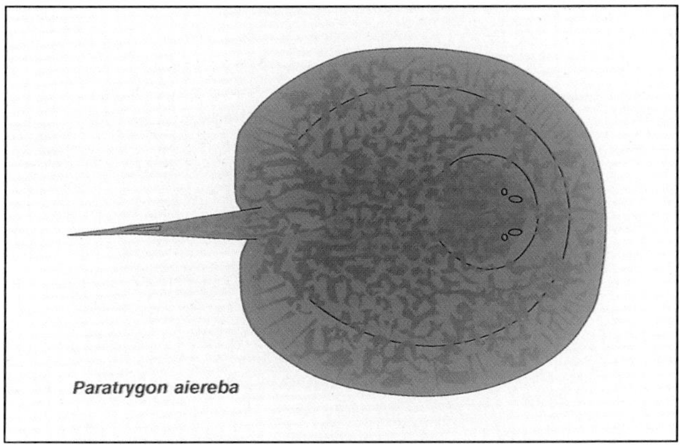

Weitere Süßwasserrochenarten außerhalb Südamerikas

Der Vollständigkeit halber seien hier auch noch weitere weniger bekannte Süßwasserrochen, beziehungsweise Süßwasser-Elasmobranchier kurz erwähnt, die zum Teil auch aus aquaristischen Veröffentlichungen bekannt wurden jedoch außerhalb Südamerikas beheimatet sind. Neben den südamerikanischen Potamotrygoniden bilden die Peitschenschwanz-Stechrochen aus der Familie Dasyatidae neben dem Gangeshai die zweite große Gruppe der bekannten Süßwasserarten. Diese Gruppe besteht aus: innerhalb der Gattung *Dasyatis* vier Arten und innerhalb der Gattung *Himantura* ebenfalls vier Arten.

Besonders die Tiere mit peitschenförmigem Schwanzende üben eine starke Faszination auf den Betrachter aus. Diese Rochen sollten aber alleine schon wegen ihrer zu erwartenden Körpergröße nicht in Heimaquarien gepflegt werden. Einmal abgesehen von allfälligen Besonderheiten bezüglich Anforderungen an die Wasserqualität und Aquariumgröße, stellen diese Arten vermutlich ähnliche Ansprüche an den Pfleger. In den Schauaquarien von Zoologischen Gärten werden dagegen hin und wieder die im Meerwasser lebenden Stechrochen gezeigt.

Im Aquarien Atlas, Band 4 auf Seite 15 ist der Indo-Australische Tüpfelrochen, *Himantura uarnak,* ein typischer Meeresbewohner abgebildet. Sonst kennt man noch weitere euryhalinen Arten, die zumindest zeitweise im Süßwasser leben, die aber allesamt nicht für die Pflege in Heimaquarien geeignet sind. Dazu gehören einige Haie aus der Familie Carcharhinidae, mit der Art *Carcharhinus leucas* und wahrscheinlich zwei oder mehr Arten aus der Gattung *Glyphis.*

Weiterhin gehören auch einige Sägefischarten aus der Familie *Pristidae* dazu. Mit einer Art aus der Gattung *Anoxypristis* und sechs Arten aus der Gattung *Pristis,* können also nach heutigem Wissensstand sieben Säge-

Die schwarzen und hell gepunkteten Rochenarten erfreuen sich größter Beliebtheit. Trotzdem sollte ein Fisch niemals auf rein optischen Gesichtspunkten gepflegt werden.

fischarten zumindest zeitweise im Süßwasser beobachtet werden. Im Aquarien Atlas, Band 2 ist auf Seite 220 ein Exemplar dieser Sägefischgruppe abgebildet. Darin ist auch nachzulesen, daß Heiko BLEHER 1983 mehrere dieser Grünen Sägefische der Art *Pristis zijsron,* die in Südostasien und Australien beheimatet ist, nach Deutschland brachte. Einige dieser Sägefische wurden danach vom Berliner Zooaquarium übernommen.

Darüber hinaus leben auch noch einige sogenannte Peitschenschwanz-Stechrochen zeitweise im Süßwasser. Ebenfalls zu der Familie Dasyatidae gehören zwei Arten aus der Gattung *Dasyatis* und wahrscheinlich mehr als zwei Arten aus der Gattung *Himantura* sowie eine Art aus der Gattung *Hypolophus,* beziehungsweise *Pastinachus* dazu. Eine dieser Arten aus der Gattung *Himantura* wurde ja eben erwähnt. Siehe hierzu auch die vorangegangene Erwähnung der revidierten Klassifikation der Unterordnung Myliobatidoidei.

Auch bei dieser Zusammenstellung können zukünftig noch Veränderungen erwartet werden, da vermutlich noch weitere im Meer lebende Arten, die eine oder andere Überraschung bezüglich ihrer Lebensgewohnheiten bereithalten.

Das Aquarium für südamerikanische Süsswasser-Stechrochen

Die Anschaffung eines Süßwasser-Stechrochen-Aquariums gilt es gut zu überdenken. Die Anforderungen an die Aquariumgröße, die Wasserqualität und der Aquariumeinrichtung weichen in einigen Punkten erheblich vom gewohnten Aquarientyp ab. Von Beginn an muß sich der Pfleger bewußt sein, daß er mit den südamerikanischen Süßwasser-Stechrochen keine Haustiere im üblichen Sinn erwirbt, sondern „echte" Wildtiere in das Aquarium Einzug nehmen. Um den Tieren optimale Pflegebedingungen bieten zu können, ist seitens des Pflegers ein Höchstmaß an Aufmerksamkeit erforderlich. Sofern der notwendige Pflegeaufwand nicht aufgebracht werden kann und kein ausreichend großes Aquarium zur Verfügung steht, ist auf die Pflege von südamerikanischen Süßwasser-Stechrochen zu verzichten. Vorausgesetzt die Hälterungsbedingungen entsprechen den Anforderungen einer artgerechten Pflege, werden aber die Rochen viel Freude bereiten.
Ebenfalls sollte man sich bewußt sein, daß es sich bei den Rochen um sehr langlebige Tiere handelt. Zwar fehlen verläßliche Zahlen über die tatsächlich zu erwartende Lebensdauer der Tiere in Heimaquarien, doch ist anzunehmen, daß sie bei guter Pflege ohne weiteres 15 bis 30 Jahre - und mehr - alt werden können. Dies bedeutet wiederum, daß die Rochen niemals aus einer Laune heraus in Obhut genommen werden dürfen. Mit der Pflege von südamerikanischen Süßwasser-Stechrochen wird auf eine lange Zeit, eine erhebliche Verantwortung übernommen.
Der wahre „Liebhaber" von südamerikanischen Süßwasser-Stechrochen wird sich jedoch kaum von noch so vielen Ratschlägen und den dazugehörenden Warnungen negativ beeindrucken lassen. Viel eher wird er unbeirrt seine Kenntnisse ständig vertiefen und seinen Tieren alle notwendigen Voraussetzungen für eine artgerechte Pflege kompromißlos zur Verfügung stellen.
Die nachfolgenden Ausführungen zur Pflege von südamerikanischen Süßwasser-Stechrochen beinhalten ausschließlich Pflegemöglichkeiten, die auf der Zusammenstellung von herkömmlichen, beziehungsweise handelsüblichen Aquarienutensilien basieren. Zurecht könnten demzufolge die Empfehlungen, über das Einrichten eines Aquariums, als „Standard-Aquariumpflege" bezeichnet werden. Wer sich nun eine Darstellung über außergewöhnliche Anforderungen an die Aquariumtechnik erhofft, dessen Erwartungen werden leider nicht völlig erfüllt. Die Möglichkeiten, die zum Beispiel ein Zoologischer Garten seinen Fischen bietet, würde in der Regel die Gegebenheiten eines privaten Haushalts bei weitem sprengen. Allerdings werden in öffentlichen Schauaquarien oft auch Tiergemeinschaften gezeigt, wie sie in Heimaquarien überhaupt nicht nachempfunden werden können. Ziel dieser Ausführungen ist es, mit den entsprechenden technischen Hilfsmitteln aus dem Fachhandel, für die Rochen optimale Pflegevoraussetzungen zu schaffen. Bestimmte Kriterien müßen aber erfüllt sein, damit die Fische artgerecht gepflegt werden können - und auch wenn der erfahrene Aquarianer vieles schon kennt - so lohnt es sich trotzdem die Empfehlungen aufmerksam durchzulesen.
Wichtig zu wissen ist: Daß die nachfolgenden Ausführungen über die Einrichtung und Pflege sowie Verhalten, Zucht und Futterarten ausschließlich auf Beobachtungen an südamerikanischen Süßwasser-Stechrochen beruhen. Deshalb können die Empfehlungen keineswegs bedenkenlos auf andere Süßwasser-Stechrochen, beispielsweise auf die Dasyatiden Arten übertragen werden, die in der Natur zum Teil erheblich andere Lebensräume als die Potamotrygoniden besiedeln. Wenn nun nachfolgend, der besseren Lesbarkeit wegen, lediglich von „Süßwasser-Stechrochen" oder „Rochen" die Rede ist, bezieht sich dies stets auf die südamerikanischen Arten, wie *P. motoro, P. orbignyi* und *P. leopoldi,* die aus der Aquariumhaltung bekannt sind. Inwieweit sich die Erfahrungen auch auf andere südamerikanische Süßwasser-Stechrochen übertragen lassen, ist nach dem heutigen Stand der Erfahrungen nicht ausreichend bekannt.

Das richtige Aquarium

Zum Thema Aquarium kann eigentlich nur die Aquariumgröße im Mittelpunkt der Betrachtungen stehen. Die Aquariumgröße ist für die erfolgreiche Rochenpflege ausschlaggebend. In gewisser Weise trifft bei der Pflege von Süßwasser-Stechrochen der nachfolgende „Superlativ" zu: Je größer das Aquarium, um so besser die Pflegevoraussetzungen. Natürlich hat ein geräumiges Aquarium seinen Preis, ganz zu schweigen vom Platzbedarf im Wohnzimmer; dennoch darf die Größe oder der Preis des Aquariums den Kaufentscheid nicht maßgeblich beeinflussen. Schlußendlich ist ein Rochenaquarium keine Anschaffung auf Zeit, sondern eine Investition in einen künstlichen Lebensraum, der von den Tieren unabdingbar benötigt wird. Berücksichtigt man die Kenntnisse der natürlichen Lebensbedingungen vor Ort, ist nachzuvollziehen, wieviel Raum notwendig ist, um ein Wohlbefin-

Daß ein Aquarium für Süßwasser-Stechrochen mit der frei zu haltenden Sandfläche, trotz fehlender Pflanzenpracht eines konventionellen Aquariums nicht weniger attraktiv sein muß, zeigt dieses Beispiel sehr eindrücklich.
Foto: H. Gonella

den der schwimmfreudigen Tiere im Aquarium zu gewährleisten.
Oft findet die erste Begegnung mit Rochen in den Schauaquarien der Zoologischen Gärten statt. Diese sollten als Vorbild bei der Planung eines Heimaquariums für Rochen mitberücksichtigt werden. Beinahe jeder größere Zoo pflegt in seinen Schauaquarien Süßwasser-Stechrochen, so daß reichliche Anschauungsobjekte zur Verfügung stehen. Selbstverständlich lassen sich im privaten Bereich in punkto Raumangebot und Dimensionen der technischen Hilfsmittel nicht dieselben Pflegevoraussetzungen schaffen, was jedoch mit etwas Fantasie und der nötigen Aufmerksamkeit korrigierbar ist.
Als Mindestmaß für ein Süßwasser-Stechrochen-Aquarium kann eine Grundfläche von 1.00 m Tiefe und 1.80 m Länge angesehen werden. Noch besser sind Aquarien ab 4 m Länge. Die Höhe des Aquariums ist ebenfalls zu berücksichtigen, obwohl bei den „bodenlebenden" Rochen angenommen werden könnte, daß die Wassertiefe entsprechend niedrig anzusetzen sei, trifft dies nur bedingt zu. Die bewegungsfreudigen Tiere verbringen einen Großteil des Tages mit Schwimmen im freien Wasser. Dabei scheinen sie die mittleren und oberen Wasserschichten ebenso zu bevorzugen wie den Aufenthalt auf dem Grund. Eine Aquariumhöhe von 60 cm ist demzufolge nicht zu knapp bemessen. Bei Aquarien mit fehlender Abdeckung ist zusätzlich mindestens ein Rand von 20 bis 30 cm dazuzurechnen. Damit wird verhindert, daß die Rochen beim Auf- und Abschwimmen im Aquarium nicht versehentlich hinausfallen (siehe dazu auch den Abschnitt: Verhalten im Aquarium).
Aquarien mit dem eben erwähnten Fassungsvermögen von 1000 l und mehr besitzen ein beachtliches Gewicht, welches vom Fußboden getragen werden muß. Das Aquarium ist, um die Tragfähigkeit des Fußbodens nicht unnötig zu beeinträchtigen, stets an einer sogenannten tragenden Wand aufzustellen. Zusätzlich ist die Tragfähigkeit des Fußbodens durch einen ausgewiesenen Fachmann, wie einem Ingenieur, zu überprüfen. Besonders in Mietwohnungen lohnt es sich, sich ein Gutachten in schriftlicher Form bestätigen zu lassen sowie den Vermieter über das Vorhaben zu informieren. Zugleich ist die Versicherungsfrage für mögliche Wasserschäden abzuklären. Bei den in einem Rochenaquarium befindlichen Wassermengen lohnt es sich, einem etwaigen Unglücksfall nicht unversichert gegenüberzustehen.
Gleichzeitig mit dem Aquarium ist auch der den persönlichen Vorstellungen entsprechende Unterbau zu erwerben. Dieser hat natürlich die enorme Wasserlast in ausreichendem Maße zu tragen. Das Aquarium könnte bei einer Größenordnung ab etwa 800 l Wasserinhalt „direkt" auf dem Fußboden zu liegen kommen, dennoch ist es nicht nur aus optischen Gründen vorteilhaft einen ca. 60 cm hohen Unterschrank zu erwerben. Der damit gewonnene Raum kann zur Unterbringung benötigter technischer Hilfsmittel dienen. Beliebt sind auch geschweißte Stahlrahmenkonstruktionen, die vor allem bei Aquarien um die 1000 l Wasserinhalt zum Einsatz kommen. Die sichtbaren Seitenteile des Unterbaus können, zur Wohnraumeinrichtung passend, mit Fournieren belegten Holzplatten verkleidet werden. Sofern diese mit einer abnehmbaren Befestigungsart am Stahlrahmen angebracht werden, läßt sich der Raum unterhalb des Aquariums ebenfalls nutzen.

Die Aquariumtechnik

Auf den ersten Blick kann die große Auswahl der im Zoofachhandel angebotenen Aquariumtechnik verunsichern. Da besteht wohl zurecht die Frage, welches nun der beste Filter oder die sinnvollste Beleuchtung für das neu einzurichtende Rochenaquarium sein könnte. Weiterhin bestehen bei den einzelnen technischen Hilfsmitteln erhebliche Preisunterschiede. Die teuerste Anlage muß aber nicht zugleich auch die beste Investition beinhalten. Andererseits darf an der Aquariumtechnik auch nicht gespart werden. Die Größe des Rochenaquariums verlangt natürlich nach einem leistungsfähigen Filtersystem, welches in der Lage ist, die anfallenden Wassermengen ausreichend von Schmutz- und Schadstoffen zu befreien. Ebenfalls ist darauf zu achten, welches Filtersystem dem Pfleger einfach und zweckmäßig in der Handhabung erscheint. Die Erfahrung zeigte, daß die Käuferschaft nicht jedes Filtersystem in gleichem Maße als wartungsfreundlich empfindet.

In Fragen der Aquariumtechnik ist es empfehlenswert, sich von einem Fachhändler beraten zu lassen. Dabei sollte man auch nicht davon absehen, das Angebotene ausreichend zu prüfen. Am besten läßt man sich die Handhabung der einzelnen Geräte vorführen und versucht diese selbst, für spätere Reinigungszwecke, auseinanderzunehmen. Ein ähnliches Vorgehen hilft ebenfalls, sich für die „richtige" Aquariumbeleuchtung, Heizung und allfällige weitere technische Hilfsmittel zu entscheiden. Nachfolgend werden einige technische Hilfsmittel vom System her erklärt und zugleich wird auf die wesentlichsten Vor- und Nachteile hingewiesen. Wobei bewußt auf Produktenamen verzichtet wurde, um aus der Fülle hervorragender Geräte nicht einzelne Marken zu bevorzugen.

Der hier Abgebildete Süßwasser-Stechrochen, P. leopoldi *gelangte unter der Bezeichnung P 13 in den Handel. Über die zu erwartende Körpergröße vieler Rochenarten ist wenig bekannt. Bei* P. motoro *weiß man, daß die Tiere im Aquarium ohne mitgerechneten Schwanz weit über 80 cm groß werden können. Vermutlich bleibt* P. leopoldi *um einiges kleiner. Sicher ist jedoch, daß diese Art mit 40 cm Körperdurchmesser noch nicht vollends ausgewachsen ist.*
Foto: H. Gonella

Bei diesem Süßwasser-Stechrochen handelt es sich vermutlich um P. ocellata. *Zumindest lassen die unregelmäßig geformten Augenflecken darauf schließen. Allerdings dürften die Augenflecken im Zentrum eine, um einiges intensivere rostrote Farbgebung aufweisen.*
Foto: Aqualife Taiwan

Die Beleuchtung

Für die Süßwasser-Stechrochen besitzt die Art der Aquariumbeleuchtung keine nennenswerte Bedeutung. Dagegen ist die Lichtquelle für ein gutes Pflanzenwachstum äußerst wichtig. Ein gutes Pflanzenwachstum besitzt „indirekt" günstige Auswirkungen auf das gesamte Aquariummilieu. Nicht nur aus diesem Grund sollten im Rochenaquarium auch Pflanzen ihren Platz finden. Damit die Pflanzen ausreichend Licht erhalten, stehen verschiedene Beleuchtungstypen zur Verfügung. Der Vorteil des künstlichen Lichts zum natürlichen Sonnenlicht liegt darin, daß die Beleuchtungsdauer und Lichtintensität reguliert werden kann, was wiederum bei etwaigen Algenproblemen nützlich ist.

Üblicherweise wird bei sehr großen Aquarien auf eine Aquarienabdeckung mit integrierter Beleuchtung, den sogenannten Abdeckleuchten, zugunsten einer Hängelampe verzichtet. Trotzdem ist eine Abdeckleuchte nicht die schlechteste Variante ein Rochenaquarium zu beleuchten. Die für die Abdeckleuchten verwendeten Leuchtstoffröhren erzeugen eine hohe Lichtmenge, im Vergleich zum verhältnismäßig niedrigen Stromverbrauch. Für ein sehr großes Rochenaquarium bietet der Handel üblicherweise keine Abdeckleuchten an. Die meisten Herstellerfirmen beschränken sich auf die lieferbaren Normmaße von maximal 1.20 m Länge, seltener darüber. Jedoch besteht meist die Möglichkeit, die Herstellung von Sonderanfertigungen in Auftrag zu geben. Je nach dem können aber auch mehrere Beleuchtungsabdeckungen miteinander kombiniert werden, was sich, je nach Fabrikat, im günstigeren Preis zur Sonderanfertigung bemerkbar machen kann. Zwischen der

In den Aquarien der Importeure (Aquarium Glaser) finden sich immer wieder Rochenarten, die nicht ohne weiteres einer bestimmten Art zugeschrieben werden können. Bei diesem Tier handelt es sich vermutlich um P. humerosa.
Foto: H. Gonella

Abdeckleuchte und dem Wasserspiegel darf auf gar keinen Fall auf eine schützende Glasscheibe verzichtet werden. Ungestüme Rochen schwimmen gerne über den Wasserspiegel hinaus, um sogleich wieder hinunterzutauchen. Nebst dem Spritzwasser, das in Verbindung mit stromführenden Teilen eine Gefahrenquelle darstellen kann, könnten sich die Rochen auch an den heißen Lampen verletzen. Natürlich lassen sich die Gehäuse für Leuchtstoffröhren auch freihängend an der Wohnzimmerdecke montieren.
Eine echte Alternative zu den Leuchtstoffröhren, zur Beleuchtung großflächiger Aquarien, stellen die HQL-Quecksilber-Leuchten oder die HQI-Quecksilberdampflampen dar. Diese beiden Beleuchtungsarten werden üblicherweise für die Beleuchtung großer, sogenannter „Offen-Aquarien" empfohlen. Das heißt, dieser Aquariumtyp verfügt weder über eine Glasabdeckung noch über eine andere Abdeckungsmöglichkeit. HQL- oder HQI-Leuchten kommen mit ihrem Lichtspektrum, wie auch gewisse Leuchtstoffröhren, dem Sonnenlicht ebenfalls sehr nahe. Dazu ist die Lichtausbeute, respektive die hohe Lichtintensität besonders gut geeignet, in Aquarien mit hohem Wasserstand auch die kleinen, nahe dem Bodengrund wachsenden Pflanzen mit ausreichend Licht zu versorgen. Die für die HQL- oder HQI-Leuchten verwendeten Reflektorgehäuse sind zudem in einer breiten Auswahl an Formen und Farben erhältlich, so daß für jede Wohnungseinrichtung das passende Gehäuse zur Verfügung steht.
Für die regelmäßige Beleuchtungsdauer wird die Beleuchtung über eine Zeitschaltuhr gesteuert; somit können sich die Rochen wie auch die Pflanzen an einen regelmäßigen Tages- und Nacht-Rythmus gewöhnen. Die durch die Hängeleuchten hervorgebrachten hohen Lichtintensitäten stellen für die Süßwasser-Stechrochen normalerweise keine wesentlichen Nachteile dar. Die Tiere sind in der Natur hin und wieder auch am Tage in seichten Uferzonen zu beobachten und somit auch an hohe Lichtmengen „gewöhnt". Dennoch kann nicht in Abrede gestellt werden, daß sie sich zeitweise auch sehr gerne in weniger hellen Bereichen des Aquariums aufhalten. Dem kann entsprochen werden, indem die Hängeleuchten das Aquarium nicht gleichmäßig ausleuchten und zusammen mit der Einrichtung sozusagen auch Zonen im Lichtschatten hervorbringen.

Die Filterung

Ein Aquariumfilter hat für die nötige Wasserumwälzung im Aquarium zu sorgen. Zugleich ist die gleichmäßige Verteilung des durch den Heizer erwärmten Wassers gewährleistet. In erster Linie erfüllt der Filter die Aufgabe, das Aquariumwasser von Schwebstoffen zu befreien. Gleichzeitig werden im Filter durch Bakterien erhebliche Mengen an „Abfallstoffen" abgebaut, die ihrerseits, zumindest teilweise, den Pflanzen als Nährstoffe zur Verfügung stehen können.
Die enorme Größe eines Süßwasser-Stechrochen-Aquariums verlangt selbstverständlich nach einem ausgesprochen leistungsfähigen Filtersystem. Grundsätzlich können die im Zoofachhandel angebotenen Filtersysteme in Außen- und Innenfilter unterteilt werden. Beide Filterarten besitzen im Vergleich ihre Vor- und Nachteile, sich aber in Sachen Leistungsfähigkeit kaum voneinander unterscheiden. Vielmehr unterliegt die Auswahl des Filters den Unterbringungsmöglichkeiten innerhalb oder außerhalb des Aquariums. Welches Filtersystem schlußendlich in Betracht gezogen wird, obliegt so der Entscheidung des Pflegers. Ihm muß es möglich sein, ohne große Anstrengungen die Unterhaltungsarbeiten durchführen zu können.
Außenfilter haben den großen Vorteil, daß sie im Aquarium keinen Raum beanspruchen, dafür ist es üblich, diese Systeme in einem Aquariumschrank unterhalb

Der Filter ist im Rochenaquarium so zu plazieren, daß aufgewirbelter Sand den Filtereinlauf, wie auch -auslauf nicht verstopfen kann. Zum Beispiel verhindern große Steine oder Pflanzengruppen ein „Zuschütten" des Filters durch die oftmals ungestümen Rochen.
Foto: R. Waser

oder aber in einem sich seitlich dem Aquarium befindenden Schrankteil unterzubringen. Dagegen können die Innenfilter in einer der hinteren Aquariumecken montiert werden und besitzen den Vorteil der verhältnismäßig einfachen Reinigung, da sie direkt von oben zugänglich sind. Ebenfalls ist mit einem Innenfilter, einem außerhalb des Aquariums fehlenden Platzangebot Abhilfe geschaffen. Der offensichtlichste Nachteil eines Innenfilters ist sein Platzbedarf innerhalb des Aquariums. Unter Umständen ist dies, vor allem bei einem zu knapp bemessenen Aquarium, eines der vorrangigen Auswahlkriterien.
Viele der leistungsstarken Filtersysteme verfügen gleichzeitig über einen im Filter integrierten Heizstab, der es ermöglicht, das Aquariumwasser optimal zu beheizen. Im Weiteren entfällt bei einem solchen Thermofilter die Montage eines Stabheizers, was sich sehr günstig auf das Erscheinungsbild der Aquariumeinrichtung auswirkt. Im übrigen wurde auch schon beobachtet, daß sich Rochen am Heizstab verletzt haben, was sich an rotunterlaufenen Hautstellen bemerkbar machte. Wahrscheinlich war dafür die Hitzeentwicklung des Heizstabs verantwortlich, als sich die Rochen für längere Zeit auf oder an diesem niedergelegt hatten. Die „Brandwunden" heilten jedoch schnell, ohne weitere Schäden bei den Rochen zu verursachen. Bei einem Thermofilter entfallen natürlich die ebengenannten Probleme.
Mitunter neigen die Rochen dazu, den Bodengrund regelrecht umzugraben und sozusagen große Sandhaufen aufzutürmen. Deshalb ist die Filteranlage oder das Ansaugrohr eines Außenfilters so zu platzieren, beziehungsweise zu schützen, daß ein Anhäufen des Bodengrundmaterials durch die Rochen die Filterleistung nicht beeinträchtigen kann. Sollte durch eine Verstopfung des Filters die Pumpe ausfallen, würde sich die Wasserqualität schnell verschlechtern und die Tiere könnten sogar sterben. Dem entgegnend, kann zum Beispiel ein Steinaufbau vor dem Filter dem „Umgestaltungsdrang" der Rochen Einhalt gebieten. Die hierfür verwendeten Steine dürfen keine scharfen Kanten aufweisen, damit sich die Rochen nicht verletzen können. Ebenfalls sollten sie eine Größe besitzen, die es den Rochen verunmöglicht, sie zu verschieben. Gleichzeitig verhindert der vor dem Filter befindliche Steinaufbau, daß bei einem sehr leistungsstarken Filter ständig kleinere Mengen an Sand angesaugt werden und das Filtermaterial verstopfen. Der Einlauf des Filters ist ebenso in ausreichender Höhe vorzusehen, damit er weder zugeschüttet werden, noch Sand aufwirbeln kann. Sofern ein Außenfilter verwendet wird, sind Ansaug- und Einlaufschlauch gut im Aquarium zu befestigen, ansonsten könnten diese von den Rochen losgelöst werden. Nötigenfalls sind die Schläuche mit Silikon direkt an der Aquariumscheibe zu befestigen.

Die Beheizung des Aquariumwassers

Süßwasser-Stechrochen leben in den tropischen Regionen Südamerikas, wo sie in den weitverzweigten Gewässersystemen der großen Flüsse und Ströme vorkommen. So versteht es sich von selbst, daß eine Beheizung des Aquariumwassers unerläßlich ist. Wie andere Fischarten auch, haben sich die Süßwasser-Stechrochen im Laufe ihrer Entwicklungsgeschichte an die Wassertemperaturen ihrer Heimatgewässer angepaßt. Gleich neben den artgerechten Wasserwerten stellt die richtige Wassertemperatur eine der lebenserhaltenden Faktoren dar. Ohne eine artgerechte Wassertemperatur wäre die Auf-

rechterhaltung der gesamten, lebenserhaltenden Funktionen des Organismus stark gefährdet. In der Folge würden die Tiere gegenüber Krankheiten anfälliger, was wiederum eine Verkürzung der Lebenserwartung herbeiführen könnte.
Zur Beheizung des Aquariumwassers kommen die im vorhergehenden Abschnitt erwähnten Thermofilter infrage oder man entscheidet sich für einen Regelstabheizer, der in der Nähe des Filterauslaufs montiert wird. Bei einer Montage neben dem Filterauslauf ist zugleich eine gleichmäßige Verteilung des erwärmten Wassers im Aquarium gegeben. Wie der Name des Regelstabheizers bereits vermuten läßt, verfügt dieser über einen Drehknopf mit dem die gewünschte Wassertemperatur problemlos eingestellt werden kann. Der optimale Temperaturbereich für Süßwasser-Stechrochen liegt zwischen 24 bis 27 °C. Wobei darüberhinaus zu beachten ist, daß die einmal gewählte Temperatur möglichst konstant beibehalten wird.
Wird ein Regelstabheizer nicht in einem Thermofilter untergebracht, ist ähnlich wie beim Filter darauf zu achten, daß die Rochen nicht Teile des Heizstabs mit dem von ihnen aufgehäuften Bodengrund zudecken. Bereits teilweise im Bodengrund eingegrabene Heizer können sich überhitzen und kaputtgehen. Dementsprechend ist der Heizer in ausreichender Höhe anzubringen.

Potamotrygon falkneri. *Foto: Aqualife Taiwan*

unten: Dieser untypisch gefärbte Rochen zählt vermutlich zur Art Potamotrygon orbignyi. *Foto: Aqualife Taiwan*

Das Aquariumwasser

Wie eine Sphäre immer ein Ganzes bildet, so wird auch das Wasser immer versuchen ein organisches Ganzes zu bilden, in dem es Getrenntes verbindet und in Kreisläufen zusammenschließt. So betrachtet ist das Wasser das Element der Kreisläufe schlechthin. Auch das Aquariumwasser unterliegt in gewissen Bereichen diesen Gesetzmäßigkeiten.

Wasser an und für sich ist eine klare, geschmacks- sowie geruchslose Flüssigkeit. Es besteht aus zwei Teilen Wasserstoff und einem Teil Sauerstoff (H_2O). Das Wasser ist aber auch ein hervorragendes Lösungsmittel, was das Leben auf unserem Planeten überhaupt erst möglich macht. Die im Wasser gelösten Stoffe lassen sich in drei Gruppen aufteilen:

Die erste Gruppe bilden die Salze. Diese Stoffe im allgemeinen Sprachgebrauch auch Mineralien genannt, bestehen in ihrer gelösten Form aus zwei Bestandteilen. Sobald ein Salz im Wasser gelöst wird, drängt sich ein Wassermolekül dazwischen und teilt es in ein positiv geladenes Ion (Kation) und in ein negativ geladenes Ion (Anion). Die Kationen und Anionen sind dann die Bestandteile, die im Wasser nachgewiesen und auch gemessen werden können. Aus welcher Art von Salzen sie jedoch entstanden sind, ist im Nachhinein nicht mehr nachvollziehbar.

Die zweite Gruppe bilden die Gase. Jene Gase, die in der Aquaristik Bedeutung haben, sind der Sauerstoff, der Stickstoff und das Kohlendioxyd. Zwischen den Gasen aus der Atmospäre und dem Wasser besteht ein dauernder Austauschprozeß. Der Gasgehalt in der Luft und im Wasser steht in einem Gleichgewichtszustand, der jedoch von der Wassertemperatur und dem jeweiligen Gasdruck in der Atmosphäre abhängig ist.

Die dritte und letzte Gruppe bilden die organischen Verbindungen. Diese werden im Aquarium in großen Mengen freigesetzt. Hervorgerufen aus Futterresten, Ausscheidungen der Fische und abgestorbenen Pflanzenteilen.

Wird ein Liter Wasser etwas genauer betrachtet, hat man es mit einem „gewaltigen" selbst funktionierenden „Chemischen-Labor" zu tun. Obschon dem nicht so ist, könnte fast behauptet werden, das Wasser lebt von sich aus. Im Wasser verbinden sich organische, respektive anorganische Substanzen zu neuen Formen, Stoffe oxidieren oder reduzieren sich. So erstaunt es nicht, daß bis heute die überwiegende Zahl von Wasserinhaltsstoffen noch unbekannt sind. Doch ist dies für die Aquaristik auch nicht von ausschlaggebender Bedeutung. Solange keine der uns bekannten fischschädigenden Substanzen im Überschuß vorhanden ist, besteht kein Grund zur Sorge.

Stehen keine anderen Empfehlungen zur Verfügung, können folgende Wasserwerte bei den meisten heute bekannten Süßwasser-Stechrochen eine erfolgreiche Pflege möglich machen; Leitfähigkeit: unter 800 µ/cm; pH-Wert: 5,8 - 7.2; Härte: 4-12 °dGH und ca. 4 °KH. Die Wassertemperatur sollte zwischen 24 - 27 °C betragen.

Die Wasserhärte

Wie bereits angesprochen, benötigen die Fische auch im Aquarium eine ihrer Art entsprechenden Wasserbeschaffenheit. Allgemein betrachtet, entsprechen in Mittel-Europa die Härtegrade nicht den Gegebenheiten in den tropischen Regionen. Die beste Voraussetzung ist natürlich, wenn das örtliche Trinkwasser eine nur geringe Wasserhärte aufweist. Bei Werten die 10-12 °dGH überschreiten, muß das Hahnenwasser unbedingt aufbereitet werden. Besser ist es, die Wasserhärte, aber auch den pH-Wert den natürlichen Gegebenheiten südamerikanischer Gewässer anzupassen. Ideal wären beispielsweise Wasserwerte um 5 °dGH und um pH 6. Über die Beschaffenheit des Trinkwassers geben die örtlichen Wasserwerke oder die Fachhändler aus der Umgebung Auskunft.

Als Wasserhärte bezeichnet man den Gehalt des Wassers an Erdalkali-Ionen. Diese bestehen hauptsächlich aus Magnesium- und Calciumionen, in geringeren Mengen auch aus Barium- und Strontiumionen. Die Wasserhärte wird dabei in zwei Gruppen unterschieden. Die eine ist die temporäre Härte und die andere ist die permanente Härte. Beide zusammen ergeben die Gesamthärte, die in ° dGH angegeben wird. Die temporäre Härte bilden jene Teile der Calciumsalze, die beim Kochen als Calciumcarbonat ausfallen. Diese können im Aquarium als Karbonathärte (°dKH) gemessen werden. Die permanente Härte hingegen kann beim Kochen nicht ausgefällt werden. Sie besteht aus Salzen der Calcium- und Magnesiumsulfate. Oder etwas einfacher gesagt, die Gesamthärte besteht aus der Karbonathärte sowie der Calcium- und Magnesiumhärte.

Für die Rochen sind sehr geringe Mengen an Calcium sogar sehr wertvoll, da sie diese beispielsweise für den Aufbau von Schuppenbestandteilen benötigen. Zudem wird Calcium für die Zellwandbildung benötigt und es spielt auch für die optimale Funktion des Nervensystems eine gewisse Rolle. Allerdings reichen schon geringste Mengen, um den täglichen Bedarf zu decken.

Die im Aquarium vorhandene Kohlensäure steht auch in enger Beziehung zu der Karbonathärte und dem pH

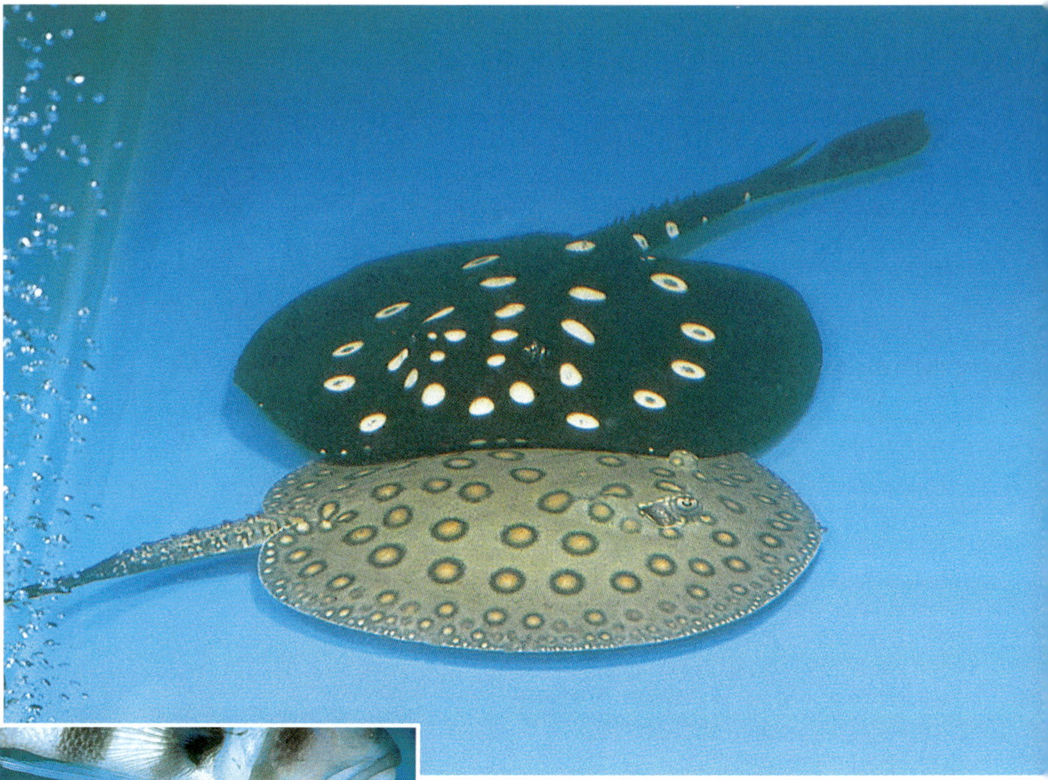

Unterhalb des P. leopoldi *ist ein* P. motoro *zu erkennen.*
Foto: Aqualife Taiwan

Wert. Was jedoch erst bei der Wasseraufbereitung von Bedeutung ist. In einem der folgenden Abschnitte wird auf Möglichkeiten für die Aufbereitung des Aquariumwassers hingewiesen.
Für die Bezeichnung der Härtegrade verfügen die einzelnen Länder oft über verschiedene Berechnungsgrundlagen. So entspricht 1 deutsches Grad, 1,25° englischer Härte oder 1,78° französischer Härte, sowie 17,8° amerikanischer Härte.

Potamotrygon motoro.
Foto: Aqualife Taiwan

Für die wiederholte Kontrolle des Aquariumwassers bietet der Handel Teststreifen zur Sofortmessung an. Am besten sind jene „Dreifach-Teststreifen" geeignet, die in einer Messung gleich über pH, dKH und dGH Auskunft geben. Diese einfache Methode zur Wasseranalyse sollte auch dann durchgeführt werden, wenn man sich nicht unbedingt in die Materie der Wasserchemie vertiefen möchte.

Der pH-Wert

Im Allgemeinen gilt: Je höher die Karbonathärte, um so höher ist auch der pH-Wert. Demzufolge könnte angenommen werden, daß die Karbonathärte das Übel aller Dinge ist. Doch Vorsicht - bei zu geringer Karbonathärte und dem plötzlich ansteigenden Kohlendioxidgehalt im Aquariumwasser, kann der pH-Wert gefährlich tief absinken. Solche, sogenannte pH-Stürze können den Fischen gefährlich werden. Die Karbonathärte übernimmt also auch eine wichtige Pufferfunktion.
Der pH-Wert ist das Maß für den Säuregrad einer Flüssigkeit. Gemessen wird der negative dekadische Logarithmus (p), der Wasserstoffionen-Konzentration (H). Ein pH-Wert von 0 entspricht einer äußerst starken Säure, der pH 14 hingegen ist extrem basisch (=alkalisch).
Der pH 7 gibt das Säure-Basen Gleichgewicht an und wird als neutral bezeichnet. Die Abkürzung pH kommt

aus dem lateinischen potentia Hydrogenii, was soviel wie Wasserstoffstärke bedeutet. Die pH Skala geht von 0 bis 14, wobei pro Einheit eine zehnfache Veränderung des Säuregrads eintritt. Deshalb ist der pH-Wert neben der Härte die wichtigste Größe für die Wasseruntersuchung in der Aquaristik. Wobei zu berücksichtigen ist, daß für die Gesundhaltung des Fischs, die Höhe des pH-Werts bei weitem nicht ausschlaggebend ist. Viel bedeutsamer ist, wie der pH-Wert zustande kommt. Denn unter natürlichen Bedingungen wird der pH-Wert durch die Karbonathärte und die vorhandene Kohlensäure bestimmt. In den Schwarzwassergebieten unterstützen zudem die Zersetzungsvorgänge von Pflanzen die Humin-, respektive Fulvosäurebildung und führen somit zur Aussäuerung, das heißt Braunfärbung des Wassers. Mitunter werden von den Fischen auch Werte beim Aquariumwasser vertragen, die etwas von ihren natürlichen Bedürfnissen abweichen. Kritisch wird es jedoch, wenn die Wasserwerte durch unsachgemäße Pflegemaßnahmen einer steten Veränderung unterworfen sind. Deshalb gilt als oberstes Gebot: Die Wasserwerte müssen möglichst konstant gehalten werden. Messungen von pH-Wert und Härtegrade bleiben nutzlos, wenn sie nur einmal erfolgen, deswegen sind diese in regelmäßigen Zeitabständen durchzuführen.

Ammonium-Nitrit-Nitrat

In Bezug auf organische Abfallprodukte unterliegen die Gewässer einem bis zu einem bestimmten Maße funktionierenden Selbstreinigungsprozeß, der auch im Aquarium denselben Abläufen unterliegt.

Futterreste, Fischkot und Pflanzenreste enthalten Eiweiße, die durch Eiweißabbauende Bakterien in relativ ungefährliche Ammonium-Ionen abgebaut werden. Zugleich enthält auch der Urin der Fische Ammonium. die Ammonium-Ionen unterstehen nebenbei einem chemischen Prozeß der vom pH-Wert abhängig ist. Bei „sehr" hohem pH-Wert verwandelt sich das Ammonium in „giftiges" Ammoniak. Im umgekehrten Sinne verwandelt sich das Ammoniak bei niedrigem pH-Wert wieder zurück in Ammonium. Unter normalen Umständen dürften aber im gewissenhaft gepflegten Aquarium solche gravierenden pH-Differenzen nicht auftreten. Die Ammonium-Ionen werden ansonsten durch Bakterien in das „gefährliche" Nitrit „weiterverarbeitet". Zugleich erfolgt ein, ebenfalls durch andere Bakterien durchgeführter, Abbau von Nitrit in das „ungefährlichere" Nitrat. Bei akutem Sauerstoffmangel kann sich wiederum auf chemischem Wege ein Teil des Nitrats in Nitrit zurückverwandeln. Einen kleinen Teil des Nitrats wird von den Pflanzen benötigt. Das laufend anfallen-

„Babyrochen", P. orbignyi, mit ca. 10 cm Körperdurchmesser. Solch kleine Tiere können den noch unerfahrenen Pfleger vor einige Probleme stellen. Vorausgesetzt, daß peinlichst genau auf die Einhaltung einer artgerechten Wasserqualität und eine gleichbleibende Wassergüte geachtet sowie den Jungtieren ausreichend Futter angeboten wird, können auch sie schnell zu stattlichen Exemplaren heranwachsen.

de Nitrit wird durch die biologische Aktivität der Bakterien im Filter und durch die Teilwasserwechsel entfernt, letzterer entfernt natürlich auch das Nitrat. Über die Gefährlichkeit oder Ungefährlichkeit von Ammoniak, Nitrit und Nitrat für die Rochen entscheiden schlußendlich die im Aquariumwasser vorhandenen Mengen. Oft ist sogar zu beobachten, daß einige Pflanzenarten wie beispielsweise die Wasserkelche viel empfindlicher auf Nitrate reagieren als die Fische. So verkraften etliche Süßwasserfischarten durchaus Nitratwerte bis zu 80 mg/l ohne dabei Schädigungen davonzutragen. Allerdings dürfen den Rochen dermaßen hohe Nitratwerte nicht zugemutet werden. Es besteht zurecht die Vermutung, daß zu hohe Ammonium-, Nitrit- und Nitratwerte bei Rochen starke Schädigungen hervorrufen können. Zum Beispiel werden bei Rochen, die hin und wieder zu beobachtenden Hautschäden, auch mit Schwankungen der Wassergüte in Verbindung gebracht. Ideal sind Nitratwerte zwischen 5 bis 40 mg/l Wasser - je niedriger, desto besser.
Gerade im Rochenaquarium fallen sehr viele eiweißhaltige Futterreste an. Dadurch ist auch ein häufiger Teilwasserwechsel angebracht. Ein gut funktionierendes Filtersystem sowie die Durchführung der regelmäßigen Pflegemaßnahmen sind die beste Voraussetzung dafür, daß im Rochenaquarium keine Ammoniak- oder Nitritprobleme auftreten. Auch besteht bezüglich des Trinkwassers kein Grund zur Sorge. Die Grenzwerte zum Beispiel für Nitrat im Trinkwasser sind vom Gesetzgeber genügend tief angesetzt, um diesen und andere Stoffe für den Menschen, wie auch für die meisten Fische, als unbedenklich erscheinen zu lassen. Im Zweifelsfall geben auch hier die örtlichen Wasserwerke Auskunft über die Inhaltsstoffe des Trinkwassers.

Aufgrund der Körperzeichnung könnte es sich bei diesem Exemplar um P. schuemacheri *handeln.*
Foto: B. Degen

Die Wasseraufbereitung

Die weitaus günstigste Voraussetzung Aquarienfische zu pflegen ist sich auf Arten zu beschränken, die mit der vorhandenen Wasserbeschaffenheit des Leitungswassers keine Schwierigkeiten haben. Natürlich ist ein zu hartes Leitungswasser für den wahren „Rochenliebhaber" kein Hinderungsgrund, diese interessanten Tiere in seine Obhut zu nehmen. Zumal mit den heutzutage im Fachhandel angebotenen Wasseraufbereitungsgeräten die gewünschte Wasserqualität ohne große Probleme aufbereitet werden kann.
Tatsächlich werden auch in Mitteleuropa, Wasserressourcen für die Versorgung der Bevölkerung genutzt, die in ihrer Beschaffenheit jenem des Tropenwassers sehr nahe kommen. Je nach Region oder Größe der Gemeinde bestehen erhebliche Unterschiede. Kleinere Gemeinden nutzen oftmals Grund- oder Quellwasser, das direkt in das Leitungssystem eingeleitet wird. In Städten wird dagegen, des hohen Verbrauchs wegen, das Leitungswasser meist aufbereitet. Dafür wird das Wasser den Flüssen oder Seen entnommen. Dort, wo genügend Grundwasser vorhanden ist, wird auch dieses genutzt oder mit dem aufbereiteten Wasser vermischt. Die in den vergangenen Jahrzehnten angestiegenen Umweltbelastungen veranlaßten die Wasserwerke, das Trinkwasser mit einem immer größer werdenden Aufwand aufzubereiten. Dem Einsatz modernster Technologie

und der nötigen Sorgfaltspflicht ist zu verdanken, daß ein gutes Trinkwasser aus dem Hahn fließt. Für die Verwendung im Aquarium spielt es eine untergeordnete Rolle, ob das Wasser direkt gewonnen oder aufbereitet wurde. Dagegen hat die Wasserhärte der Region einen Einfluß auf die Verwendbarkeit des Leitungswassers im Aquarium. Das Leitungswasser besteht wie bereits erwähnt nicht nur aus Wasserstoff und Sauerstoff, sondern wurde von den Gesteinsschichten geprägt, die es vorher durchlief. Je nach Gesteinsart ist es weicher oder härter. Je härter das Leitungswasser ist, um so mehr „Kalk" enthält es. Dieser wurde aus den vorhandenen Bodenschichten herausgelöst und ist nun vor der Verwendung im Aquarium zu entfernen. Die Grenze, bei der für Süßwasser-Stechrochen das Leitungswasser nicht entkalkt, sprich entsalzt, werden muß, liegt je nach Spezies unter zehn jedoch bis maximal 15 °dGH. Um die im Wasser gelösten Salze in Form von Anionen und Kationen zu entfernen, bietet der Handel entsprechende Anlagen für die Teil- oder Vollentsalzung an. Da die Rochen auf Dauer nur in sehr großen Aquarien gepflegt werden können, benötigt man reichlich Trinkwasser. Deswegen empfiehlt es sich, sich für eine leistungsfähige Aufbereitungsanlage zu entscheiden. Neben der Teil- oder Vollentsalzung, letztere ist besonders zur Vermischung mit dem vorhandenen Leitungswasser geeignet, können auch sogenannte Umkehrosmoseanlagen denselben Zweck erfüllen. Welche der beiden Systeme nun geeignet ist, muß jeder Rochenpfleger für sich selbst beantworten. Zu vergleichen gilt es den Anschaffungspreis, Wartungskosten und welches Gerät, nach dem persönlichen Gutdünken, leichter zu handhaben ist. Die Verringerung der Wasserhärte wäre auch mittels der Wasserfilterung über Torf möglich. Dieses Verfahren eignet sich aber sowieso nur für kleinere Wassermengen sowie weicheres Leitungswasser (5 - 12 °dGH). In Anbetracht der schwindenden Torfvorräte und der ungenauen Entsalzungsresultate ist heutzutage allein schon deswegen auf eine Torffilterung zu verzichten. Im übrigen sind auch die im Aquarium vorhandenen Moorkienwurzeln, wenn auch in sehr bescheidenem Maße in der Lage, das in einer gewissen Beziehung stehende Zusammenwirken von Härtegrad und pH-Wert zu beeinflussen.

Im weiteren findet man noch viele andere Produkte im Fachhandel, um die Wassergüte zu beeinflussen. Diese Methoden sind allerdings bei den benötigten Mengen auf Dauer nicht gerade die kostengünstigsten. Zudem ist die richtige Dosierung sehr schwierig und verlangt nach einer peinlichst genauen Mengenkontrolle, damit zum Beispiel die Wasserhärte nicht starken Schwankungen unterworfen ist. Die Kohlensäuredüngung wäre eine weitere Möglichkeit, den pH-Wert und die Karbonathärte zu regulieren. Bei sehr dicht bepflanzten Aquarien kann dies durchaus Sinn machen. Den Fischen zuliebe sollte man sich aber für eine technisch ausgereifte, meist auch nicht gerade billige Lösung entscheiden. Als Grundsatz gilt: Je größer die Aufwendungen für die Wasseraufbereitung, um so wichtiger werden die Aquarienwasserkontrollen. Speziell bei der Kohlensäuredüngung empfiehlt es sich die Wasserwerte mit kontinuierlichen Meßgeräten (per Computer) zu kontrollieren. Zum Schluß noch einige Bemerkungen zu den Desinfektionsmitteln, die dem Leitungswasser beigemischt sein könnten. Gemeint ist zum Beispiel Chlor und Chlordioxid. In den überwiegenden Fällen werden Desinfektionsmittel in so geringen Mengen beigemischt, daß sie für die Aquaristik unbedenklich sind. Bereits die Entnahme von handwarmem Wasser aus der Brause ist in der Lage, diese kleinen Mengen zu entfernen, speziell Chlordioxid verflüchtigt sich hierbei innerhalb von Sekundenbruchteilen. Selbst das träge reagiernde Chlor entweicht im Warmwasser relativ schnell in die Luft oder wird von den im Wasser vorhandenen Karbonaten neutralisiert. Die Grenze, bei der gechlortes Leitungswasser über Aktivkohle gefiltert werden muß, liegt für die Rochen vermutlich um 0,2 mg/l dem Wasser beigefügtem Chlor. Ausgenommen sind Jungrochen, die unbedingt nach chlorfreiem Wasser verlangen.

In ihrer Grundform ist die Aquariumwasserchemie sowie ihre Umsetzung in die Praxis leicht zu verstehen und wenn man die geeigneten Utensilien besitzt auch leicht durchzuführen. Die zum Teil kostspieligen Gerätschaften und die Anforderungen für ihren Unterhalt verringern oftmals die vorhandene Bereitschaft vieler Aquarianer, mit einer fachgerechten Wasseraufbereitung zu beginnen. Sobald aber das örtliche Leitungswasser nach einer Wasseraufbereitung verlangt, muß diese kompromißlos durchgeführt werden.

Diese Art erinnert etwas an P. dumerilii. *Jedoch wird diese Art kaum eingeführt, so daß es sich vermutlich um* P. falkneri *handelt*
Foto: H. Gonella

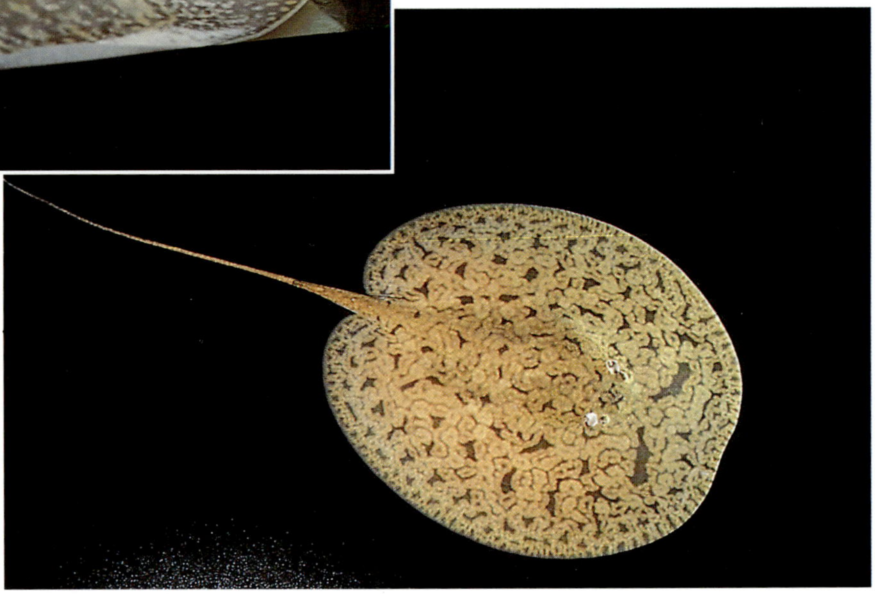

Die Körperzeichnung erlaubt kaum Rückschlüsse für die Zuordnung zu einer bestimmten Art. Die Formgebung der Körperscheibe deutet auf P. aiereba *hin. Aufgrund der Schwanzlänge könnte es sich vermutlich auch um* P. brachyura *handeln.*
Foto: Aqualife Taiwan

Aufbau und Unterhalt des Aquariums

Oberflächlich betrachtet unterscheidet sich ein Aquarium für Süßwasser-Stechrochen kaum von anderen Aquariumtypen. Einiges gilt es jedoch bei Rochenaquarien speziell zu berücksichtigen. So hat vor allem die Beschaffenheit des Bodengrunds und die Anordnung der Einrichtungsgegenstände den Bedürfnissen der Rochen Rechnung zu tragen. Ein artgerecht eingerichtetes Aquarium erlaubt den Rochen wichtige Verhaltensweisen für ihr Wohlergehen zu entfalten. Sofern die Aquariumeinrichtung den Bedürfnissen der Tiere entspricht, werden sie sehr bald Vertrauen in ihren neuen Lebensraum finden, was sich schlußendlich positiv auf ihre Gesundhaltung auswirkt.

Das Aufstellen eines Süßwasser-Stechrochen-Aquariums beginnt mit der Festlegung des günstigsten Standorts innerhalb des Wohnraums. Um möglichen Problemen durch übermäßiges Grünalgenwachstum vorzubeugen, ist das Aquarium möglichst weit weg vom Fenster aufzustellen. Damit wird verhindert, daß das in den Wohnraum einfallende Sonnenlicht das Aquarium nicht unkontrollierbar bescheint. Es ist einfacher die benötigte Lichtmenge mittels der Aquariumbeleuchtung zu regulieren. Dagegen hat in der Regel die Strahleneinwirkung einiger Stunden Morgen- oder Abendsonne keinen nennenswerten Einfluß auf das Aquarium. Weiterhin ist es von Vorteil vor dem Aquarium ausreichend Platz freizuhalten, um die Pflegearbeiten unbehindert ausführen zu können. Bewährt haben sich Standorte in einer der Wohnzimmerecken, wo die Geschehnisse innerhalb des Aquariums ungestört und bequem von einer Sitzgruppe aus zu beobachten sind. Dies hat den Vorteil, daß eventuelle Unregelmäßigkeiten im Rochenverhalten schneller entdeckt werden, da zwangsläufig ein häufiger „Blickkontakt" zwischen Pfleger und den Tieren zustande kommen kann. Gleichzeitig ist es dem Pfleger vergönnt, sein Aquarium vollends genießen zu können.

Beim Einkauf des Aquariums, der benötigten Hilfsmittel sowie der Einrichtungsgegenstände sollte man nichts überstürzen. Eine sorgfältige Planung hilft mit, den Süßwasser-Stechrochen optimale Lebensbedingungen im Aquarium zu schaffen. Dasselbe gilt für den Aufbau und das Einrichten des Aquariums. Für das Aufstellen des Aquariums und allfälligen Korrekturen an der vorgenommenen Einrichtung wird gut und gerne ein ganzer Tag benötigt.

Noch bevor das Aquarium eingerichtet wird, ist darauf zu achten, wo die technischen Hilfsmittel an den Strom angeschlossen werden sollen. Vorzugsweise befindet sich der Aquariumstandort in der Nähe einer Steckdose, ansonsten kann eine Steckbatterie die Stromzufuhr sicherstellen. Doch Vorsicht, die Steckdose darf nicht mit Spritzwasser aus dem Aquarium in Kontakt kommen. Natürlich dürfen die technischen Hilfsmittel niemals „ohne Wasser", im Trockenen zur Probe betrieben werden. Ansonsten würden die für den Einsatz im Wasser konzipierten Gerätschaften Schaden nehmen.

Ist eine Hängelampe als Aquariumbeleuchtung vorgesehen, ist sie noch vor dem Einrichtungstermin an der Wohnzimmerdecke zu montieren. Dafür empfiehlt es sich die Dienste eines Elektrikers in Anspruch zu neh-

Der hier abgebildete Bodengrund besitzt einen zu groben Korndurchmesser. Wohl gelingt es den Rochen sich auch darin einzugraben was ihnen aber einige Mühe bereitet. Besser ist es einen feinen, sandartigen Bodengrund auszuwählen.
Foto: R. Waser

men. Der ist in der Lage, eine den Sicherheitsbestimmungen entsprechende Installation vorzunehmen.
Das Einrichten des Aquariums beginnt indem der Bodengrund eingebracht wird. Anschließend ist das Aquarium zu einem Drittel mit Wasser zu füllen. Sofern größere Einrichtungsgegenstände wie Steine oder Wurzeln zur Einrichtung zählen, müssen diese gut auf dem Aquariumboden aufliegen, so daß zu einem späteren Zeitpunkt der Bodengrund nicht unter ihnen nachgeben kann und die Gegenstände plötzlich umkippen. Nun können die Pflanzen eingesetzt werden. Danach gilt es die technischen Hilfsmittel, wie Filter und Heizung, zu montieren. Sofern ein auf dem Aquariumboden aufliegender Innenfilter zum Einsatz gelangt, ist dieser selbstverständlich noch vor dem Einbringen des Bodengrunds zu montieren. Das gilt ebenfalls für die Montage von Rückwänden. Nach dem Bepflanzen ist das Aquarium ganz mit Wasser aufzufüllen. Mit einem trockenen Lappen ist das Spritzwasser rund ums Aquarium und insbesondere an den stromführenden Teilen der technischen Gerätschaften abzuwischen. Jetzt kann die Aquariumtechnik, inklusive der Beleuchtung, in Betrieb genommen werden. Vorerst ist das Aquarium für zwei Wochen ohne Fischbesatz zu betreiben. Diese Zeit reicht aus, damit sich ein „Gleichgewichtszustand" des Aquariummilieus einstellt, beziehungsweise die Bakterien ihre „biologische Tätigkeit" im Filter aufnehmen. Übrigens kann das Filtermaterial mit etwas Mulm aus einem bereits voll betriebsfähigen Filter sozusagen geimpft werden. Den Mulm mit den darin enthaltenen Bakterien erhält man beim Zoofachhändler, der als Alternative dazu auch in Flaschen abgefüllte Bakterienkulturen anbieten kann. Wird auf eine „Impfung" des Filtermaterials verzichtet, werden sich die Bakterien „wie von selbst" einstellen und nach einigen Wochen ihre „biologische Tätigkeit " langsam aber sicher aufnehmen.
Hat sich nach der Wartezeit das Aquariummilieu eini-

Ein Rochenaquarium benötigt viel freien Raum, damit sich die Tiere ungehindert eingraben können. Aber auch bei geringer Bepflanzungsdichte ist auf eine attraktive Gestaltung des Aquariums nicht zu verzichten. Beispielsweise verwandelt die naturgetreue Nachbildung eines Flußufers, in Form einer Kunststoffrückwand, das Aquarium in eine fantastische Unterwasserwelt.
Foto: H. Gonella

germaßen stabilisiert, dürfen die Süßwasser-Stechrochen endlich von ihrem neuen Lebensraum Besitz ergeifen. Damit sich die Rochen an die veränderten Lebensbedingungen gewöhnen können, sind die Fische möglichst behutsam einzusetzen. Der Transportbehälter oder -beutel ist hierfür zuerst einmal für 30 Minuten verschlossen in das Aquariumwasser einzutauchen. In dieser Zeit kann sich die Wassertemperatur innerhalb des Beutels jener des Aquariums angleichen. Als nächstes wird der Beutel geöffnet und etwas Aquariumwasser beigegeben. Nach weiteren zehn Minuten können dann die Tiere ins Aquarium entlassen werden. Ein ähnliches Vorgehen empfiehlt sich bei größeren Rochen, die des Stachels wegen in Kunststoffbehältern transportiert werden. Zum Umsetzen sollten keine der handelsüblichen Netze verwendet werden, da der Stachel der Tiere leicht darin hängen bleiben kann. Meist ist der Stachel kaum mehr aus dem Netz lösbar, so daß das Netz mit der Schere zerschnitten werden muß. Am besten werden die Rochen mit einem Kunststoffbecken vorsichtig umgesetzt. In den ersten paar Tagen werden sich die Rochen noch sehr scheu verhalten. Doch bereits nach einiger Zeit nehmen sie, an die neuen Lebensbedingungen gewöhnt, vollends von ihrer Umgebung Besitz.

Der Bodengrund

Normalerweise hat ein Bodengrund den Pflanzen, beziehungsweise ihren Wurzeln, Halt zu bieten. Im Rochenaquarium dagegen muß der Bodengrund in der Hauptsache den Tieren zur Verfügung stehen. Die Möglichkeit sich im sandigen Bodengrund einzugraben ist für die Rochen ein wichtiger Bestandteil ihres Verhaltensrepertoirs, ohne dies ist eine artgerechte Rochenpflege undenkbar. Deswegen darf die Körnung des Sandes auch nicht zu groß sein.

Bereits schon ein feinkörniges Kiesmaterial bereitet den Tieren einige Mühe, sich einzugraben. Im groben Kies wird es den Rochen sogar unmöglich gemacht, die für sie wichtige Tarnung, die sie vor allfälligen Freßfeinden schützen soll, einzugehen. Die Tarnung läßt den Rochen gewissermaßen einen wesentlichen Teil ihres „Sicherheitsgefühls" zukommen, was wiederum das Vertrauen in den vorhandenen Lebensraum bestärkt. Es kann davon ausgegangen werden, daß wenn den Rochen die Möglichkeit des Eingrabens vorenthalten bleibt, sich bei ihnen zumindest zeitweise enorme Streßerscheinungen einstellen. Und Streß ist bekanntlich einer der Hauptfaktoren, der bei Fischen eine Verkürzung der Lebenserwartung herbeiführen kann. Die ideale Korngröße für den Bodengrund liegt zwischen 0,5 bis 1 mm. Sand der eine weit feinere Körnung aufweist, ist für das Rochenaquarium ebenfalls nicht sehr geeignet. Der zu feine Sand könnte sich unter Umständen in den Augen und Kiemen „ablagern" und das allgemeine Wohlbefinden der Tiere beeinträchtigen.

Der vorwiegend für die Meerwasser-Aquaristik Verwendung findende „Meersand" ist für die im Süßwasser lebenden Rochen ebenso ungeeignet. Dieser sehr kalkhaltige Sand setzt größere Mengen an Härtebildnern frei, was zu einer unerwünschten Aufhärtung des Aquariumwassers führt. Die Süßwasser-Stechrochen benötigen aber eher weiches Wasser und vertragen den freigesetzten Kalk nicht. Der Fachhandel bietet jedoch verschiedene kalkfreie Sandsorten an. Ebenfalls ist der handelsübliche, feine Quarzsand von 0,4 bis 0,8 mm Korndurchmesser ein empfehlenswertes Bodengrundmaterial.

Am Bodengrund ist nicht zu sparen. Der Bodengrund sollte, je nach Größe der Rochen, in einer Schichtstärke von 10 bis 20 cm eingebracht werden, damit sich die Rochen vollends eingraben können.

Einige Rochen besitzen auch auf der Unterseite Körperzeichnungen in Form von Flecken oder wie hier einen gut sichtbaren Punkt in der Körpermitte.
Foto: Aqualife Taiwan

Gerade die durch ihren peitschenförmigen Schwanz sehr imposant anzuschauenden Rochen sind für die Pflege in Heimaquarien nicht geeignet. Auch ohne Schwanz erreichen sie eine Körpergröße von über einem Meter. Dieses wahrscheinlich asiatische Exemplar gehört vermutlich zur Gattung Himantura.
Foto: Aqualife Taiwan

Potomotrygon orbignyi.
Foto: Aqualife Taiwan

Die Einrichtungsgegenstände

Als Einrichtungsgegenstände kommen all jene Materialien in Frage, die die Wasserqualität nicht beeinträchtigen. Zum Beispiel bei den Gesteinen bedeutet dies, daß keine kalkhaltigen Steine im Aquarium Verwendung finden dürfen. Geeignet sind unter anderem Gesteinssorten wie Granit, Gneis, Porphyr und Quarz. Die Gesteinsbrocken dürfen keine scharfen Bruchkanten aufweisen, da sich die Rochen daran verletzen könnten. Neben den Steinen können sogenannte „Aquarium-Wurzeln", wie Mooreichenwurzeln bedenkenlos zu Dekorationszwecken ins Rochenaquarium eingebracht werden. Vor allem, wenn zusammen mit den Rochen einige Welse vergesellschaftet werden sollen, dienen die Wurzeln den Welsen als Verstecke. Allerdings sollten die Wurzeln das vorhandene Raumangebot im Aquarium nicht zu stark beeinträchtigen, damit sich die Rochen ungehindert eingraben können. Die Wurzeln sind vor Gebrauch ausgiebig zu wässern. In einem zwei bis fünftägigen Wasserbad saugen sich die Wurzeln mit Wasser voll. Zugleich geben die Wurzeln in dieser Zeit ein Großteil ihrer Inhaltsstoffe frei, die neben anderen als bräunliche Färbung (Fulvosäure) sichtbar werden. Obschon die gemeinhin auch als „Huminsäure" bezeichnete braune Farbgebung des Wassers den Rochen wenig anhaben kann, beeinträchtigen sie doch die Stabilität der Wasserqualität. Sollten größere Wurzeln auch nach intensivem Wässern noch obenauf schwimmen, können sie noch für einige Zeit mit einem festverankerten Stein beschwert werden. Bestehen keine Möglichkeiten den Stein in der Formgebung der Wurzel einzuklemmen, ist dieser mit einem Draht zu befestigen. Wurzeln, die nicht in einem Moor konserviert wurden, sind für den dauerhaften Einsatz im Aquarium nicht geeignet. Insbesondere Wurzeln, die als Schwemmholz an den Flüssen zu finden sind, können schon nach kurzer Zeit in Fäulnis übergehen und die Wasserqualität beeinträchtigen.

Ein empfehlenswertes Gestaltungselement für Rochenaquarien sind Rückwände. Da durch den benötigten Freiraum für die Rochen die Aquariumeinrichtung eher dürftig ausfällt, kann dafür eine Rückwandgestaltung um so mehr Bedeutung erlangen. Schließlich soll ja die Aquariumeinrichtung auch das „Auge" des Pflegers erfreuen. Einmal von den außen am Aquarium zu montierenden Fotorückwänden abgesehen, seien hier besonders die dreidimensionalen Rückwände angesprochen. Letztere könnten selbstverständlich auch außerhalb des Aquariums, zwischen Aquarium und Wohnzimmerwand, aufgestellt werden. Es ist jedoch üblich, sie innerhalb des Aquariums, auf der rückseitigen Glasfront mit Silikon aufgeklebt, zu verwenden. Eine im Aquarium verwendete Rückwand erweckt den Eindruck eines aufsteigenden Flußufers. Rückwände werden als vorgefertigte Elemente angeboten. Einige Hersteller bieten auch Rückwände an, die durch ihre sorgfältige Ausarbeitung bereits schon einen hohen „künstlerischen" Wert besitzen. Durch ihre natur-

getreue und einem natürlichen Vorbild nachgeahmten Komposition, vermögen sie außerordentlich zu beeindrucken. Rückwände können aber auch selbst angefertigt werden. So lassen sich beispielsweise mit Silikon verklebte Steine zu einer schönen Rückwandgestaltung zusammenfügen. Gleichzeitig können die Steine so zusammengeklebt werden, daß Pflanzennischen entstehen. Diese Hohlräume ergeben bepflanzt ein eindruckvolles Bild. Die Verwendung findenden Steine dürfen, wie die restliche Aquariumeinrichtung auch, ebenfalls keine scharfen Kanten besitzen. Die Verletzungsgefahr für schnell herumschwimmende Rochen wäre viel zu groß. In der Folge könnten an den verletzten Stellen für die Tiere gefährliche Infektionen auftreten. Wem dies alles nicht zusagt, kann sich auch mit einer „einfachen" Kunststoffrückwand behelfen oder aber die Außenseite der Rückfront mit schwarzem Papier auskleiden. Selbst die Bemalung mit sogenannter Außendispersionsfarbe wäre denkbar. Es versteht sich von selbst, daß die Farbe nur außerhalb des Aquariums aufgetragen wird.
Je nach Geschmack des Pflegers können auch andere für die Aquaristik vorgesehene Einrichtungsgegenstände infrage kommen. So sind das zum Beispiel künstlich hergestellte Elemente, wie Hohlsteine und Terrassensteine aus Keramik oder Wurzeln- und Rindenimitationen aus Kunsstoff. Doch was auch immer in den Einsatz gelangt, alle Elemente müssen eine hohe Standfestigkeit besitzen oder aber verankert, beziehungsweise mit Silikon festgeklebt werden, damit sie durch die agilen Rochen nicht umgestürzt werden können.

Die Bepflanzung

Die von den Rochen beanspruchte Bodengrundfläche sollte nicht darüber hinwegtäuschen, daß eine Bepflanzung des Aquariums nicht mehr in Betracht gezogen werden könnte. Gerade die Pflanzen stellen ein erstrebenswertes Gestaltungselement der Aquariumeinrichtung dar. Aber nicht nur das Erscheinungsbild des Aquariums wird durch die Pflanzen bereichert, sie wirken sich auch überaus günstig auf das gesamte Aquariummilieu aus. In gewisser Weise beeinflußen die Pflanzen sogar die Gesundhaltung der Rochen. Dadurch daß die Pflanzen überschüssige, vom Filter freigesetzte Nährstoffe aufnehmen können, helfen sie mit die Wasserqualität zu verbessern. Selbst Fischkrankheiten scheinen in sauberen und dicht bepflanzten Aquarien seltener vorzukommen.
Zugegebenermaßen ist die Bepflanzung eines Rochenaquariums nicht ganz problemlos. Die großen und ungestümen Tiere könnten die im Bodengrund eingesetzten Pflanzen bei der Nahrungssuche und beim Eingraben immer wieder freilegen. Trotzdem muß auf eine Aquariumbepflanzung nicht verzichtet werden. Einige Möglichkeiten das Rochenaquarium zu bepflanzen seien hier genannt. Beispielsweise könnte entlang des hinteren Aquariumbereichs eine 15 bis 20 cm tiefe und etwa ebenso hohe Terrasse den Pflanzen ausreichend Raum und Schutz bieten. Die Terrasse könnte mittels den im Handel erhältlichen, sogenannten aus Keramik vorgefertigten Terrassenelementen beliebig lang ausfallen. Im sandigen Bodengrund finden die Terrassenelemente wenig Halt und könnten leicht verrutschen, deswegen sind sie an den Ecken punktuell mit Silikon zu fixieren. Dies erlaubt es, die Elemente zu einem späteren Zeitpunkt wieder zu entfernen. Natürlich könnte eine Terrasse auch aus zusammengeklebten Steinen angelegt werden. Dadurch, daß der schmale Pflanzstreifen den Rochen wenig „Angriffsfläche" bietet, unterlassen sie es in der Regel, darin auf Nahrungssuche zu gehen. Neben den schmalen Terrassen besteht ebenso die Möglichkeit die Aquariumwurzeln mit Javafarn, *Microsorum pteropus,* zu bepflanzen. Die in die Ritzen der Wurzeln festgeklebten oder mit Hanf festgebundenen Javafarne wachsen sehr schnell auf dem hölzernen Untergrund fest und bilden bald einen üppigen Unterwassergarten. Weiterhin könnten Wasserpflanzen auch in schwarzen oder braunen, mit Kies gefüllten Kunststofftöpfen untergebracht werden. Die Töpfe, die übrigens auch aus unglasierter Keramik bestehen könnten, sollten etwa einen Durchmesser von 30 bis 40 cm, und eine Höhe von mindestens 25 cm aufweisen. Durch das Gewicht der Kiesfüllung dürften die bepflanzten Töpfe den Rochen standhalten und bleiben somit unverrückbar an ihrem Bestimmungsort liegen. Sofern genügend Freiraum zur Verfügung steht, ignorieren normalerweise die Rochen diese „Hindernisse".
Als Bepflanzung eignen sich vor allem robustere Pflanzenarten. Besonders zu empfehlen sind die Speerblätter, wie zum Beispiel Barters Speerblatt, *Anubias barteri,* oder das schmalblättrige Speerblatt, *Annubias barteri, var. angustifolia,* und andere. Aber auch unter den Schwertpflanzen zählen einige Arten zu den „anspruchslosen" Pflanzen. So ist beispielsweise die Amazonas-Schwertpflanze, *Echinadorus amazonicus,* oder Blehers, beziehungsweise die Große-Schwertpflanze, *Echinodorus bleheri,* kaum mehr aus der Aquaristik wegzudenken. Neben Wurzeln und Töpfen könnten auch die, aus dem Zimmerpflanzenangebot bekannt gewordenen „Hängenden Gärten", eine Bepflanzungsalternative darstellen. Dafür können größere solcher Gefäße, die seit-

Die auf diesem Bild erkennbaren Goldfische in einem asiatischen Händleraquarium dürfen nicht darüber hinwegtäuschen, daß es sich bei den Süßwasser-Stechrochen selbstverständlich um Warmwasserfische handelt. Entsprechend der Fleckenzeichnung könnte es sich hier um die Art P. henlei *handeln.*
Foto: Aqualife Taiwan

unten: P. motoro *und darunter handelt es sich sehr wahrscheinlich um* P. falkneri.
Foto: Aqualife Taiwan

liche Öffnungen aufweisen, mit Kies aufgefüllt werden und den Wasserpflanzen anstelle der Zimmerpflanzen Halt bieten. Inmitten im Aquarium aufgestellt, erinnern die Gefäße an Pflanztürme. Für diese Art der Bepflanzung eignen sich im besonderen das kleinwüchsige Speerblatt, *Anubias barteri* var. *nana.*

Ein Vorteil der inmitten des Aquariums aufgestellten Pflanztöpfen ist, daß diese in Kombination mit einer oder mehreren Aquariumwurzeln einen gewissen Sichtschutz für die Rochen bilden. Das heißt, die Rochen können sich vor den allzu neugierigen Blicken des Pflegers verstecken. Und schließlich ist es für die Rochen ebenso notwendig, von Zeit zu Zeit den Sichtkontakt zu den Artgenossen zu unterbrechen. Hiermit wird bereits ein wichtiger Punkt eines artgerechten Aquariums erfüllt; denn auch in einem Süßwasser-Stechrochen-Aquarium dürfen „Raumstrukturen" für die Tiere nicht fehlen.

Nebst den zuvor erwähnten Pflanzenarten können natürlich noch viele andere Pflanzen das Rochenaquarium bereichern. Aus der großen Auswahl seien hier noch einige Arten genannt: Der Riesenwasserfreund, *Hygrophila corymbosa,* ist eine schnellwüchsige Pflanzenart, die bei guten Bedingungen eine beachtliche Größe erreicht. Für das große Rochenaquarium eignet sich ebenso die Riesen-Vallisnerie, *Vallisneria americana,* ausgezeichnet. Weiterhin käme auch noch die Gewöhnliche-Wasserschraube, *Vallisneria spiralis,* infrage, die jedoch im allzu weichen Wasser ein spärliches Wach-

stum zeigt. Neben den Sumpf- und Wasserpflanzen dürfen auch die Schwimmpflanzen nicht vergessen werden. Die Muschelblume, *Pistia stratiotes,* und die Dickstielige-Wasserhyazinthe, *Eichhornia crassipes,* kommen in offenen Aquarien ausgesprochen gut zur Geltung. Bei der ohnehin reduzierten Bepflanzung eines Rochenaquariums stört es auch nicht, daß die Schwimmpflanzen die darunterliegenden Wasserschichten vom Licht abschneiden, ganz im Gegenteil - die Rochen schätzen es sogar, wenn sich im Aquarium weniger intensiv beleuchtete Stellen befinden. Entsprechend angeordnet, entsteht zwischen den Wasserpflanzen und Schwimmpflanzen auch keine Konkurrenzsituation bezüglich des Lichteinfalls.

Die vorangegangenen Empfehlungen für die Pflege von Süßwasser-Stechrochen in Heimaquarien bedürfen noch einiger Ergänzungen. Die Möglichkeiten ein Rochenaquarium einzurichten sowie die Mindestanforderungen an die Aquariumgröße beziehen sich auf „junge" sowie halbwüchsige Tiere, die durchaus für einige Jahre Geltung haben können. Die Süßwasser-Stechrochen erreichen jedoch rasch eine beachtliche Größe. Für voll ausgewachsene Rochen mit 60 bis 80 cm Körperdurchmesser und mehr, kommen nur noch „Großaquarien" für eine dauerhafte Pflege infrage. Diese müssen mindestens eine Grundfläche von 2 x 3 m aufweisen und einen Wasserstand von über 60 cm besitzen. Was die Aquariumeinrichtung anbelangt, sollten möglichst viele der erwähnten Komponenten in den Einsatz gelangen, um den Rochen einen artgerechten Lebensraum bieten zu können. Ansonsten sollte, auch wenn dies für manche „Rochenliebhaber" einen Verzicht bedeutet, auf die Pflege von Süßwasser-Stechrochen verzichtet werden.

Die kontinuierlichen Pflegemaßnahmen

Einen dauerhaften Pflegeerfolg kann nur durch die regelmäßig durchgeführten Pflegemaßnahmen gewährleistet werden. Kein technisches Aquariumhilfsmittel, allen voran das Filtersystem, kann ohne Wartung auskommen. Selbst ein noch so gutes Filtersystem bedarf einer periodischen Reinigung. Und auch ein noch so leistungsstarker Filter kann die notwendigen Teilwasserwechsel in keiner Weise ersetzen. Obschon die Bakterien im Filter ein Großteil der organischen Abfallprodukte abbauen, unterliegt die Wassergüte einer stetig anwachsenden Belastung. Beim Teilwasserwechsel werden diese überschüssigen Schadstoffe entfernt. In gewisser Weise spielt es hierbei weniger eine Rolle, wieviel Aquariumwasser durch Frischwasser ersetzt wird. Vielmehr kommt es darauf an, daß die auszutauschende Wassermenge und die Zeitabstände der Teilwasserwechsel im Verhältnis zueinander stimmen, das heißt in gleichbleibenden Mengen und regelmäßigen Zeitabständen erfolgen. So hat sich zum Beispiel ein in zweiwöchigen Intervallen durchgeführter Teilwasserwechsel von einem Drittel bewährt. Ebenso ist auch ein Teilwasserwechsel von einem Viertel in Wochenabständen denkbar. Die auszutauschenden Wassermengen sind von der Aquariumgröße und vom Fischbesatz abhängig. Werden in einem Aquarium „viele" Rochen gepflegt, sind die Zeitabstände und zu ersetzenden Wassermengen, je nach den Bedingungen, anzupassen. Das heißt, daß ein wöchentlicher Teilwasserwechsel von mindestens einem Drittel angebracht wäre. Mit den wachsenden Pflegeerfahrungen wird sich das Wissen um die nötigen Zeitabstände und auszutauschenden Wassermengen schnell einstellen. Gleichzeitig mit dem Wasserwechsel werden auch abgestorbene Pflanzenreste entfernt. Nötigenfalls sind neue Pflanzen einzusetzen. Zugleich ist die Funktionstüchtigkeit des Filters zu überprüfen. Sollten sich Anzeichen einer zunehmenden Verschmutzung bemerkbar machen, zum Beispiel in Form einer beginnenden Wassertrübung, ist dieser schnellstens einer Reinigung zu unterziehen. Nimmt die Filterleistung ab, was an dem schwächer werdenden Filtereinlauf zu erkennen ist, wird es höchste Zeit etwas zu unternehmen. Der Filter ist vorzugsweise in zeitlich verschobenen Intervallen zum Teilwasserwechsel zu reinigen. So vermindern sich unerwünschte Schwankungen in der Wasserqualität. Je nach Filtersystem sollte das Filtermaterial alle zwei Wochen bis zwei Monate erneuert oder gut ausgewaschen werden. Über die Filterreinigung gibt die Gebrauchsanleitung des jeweiligen Filterherstellers Auskunft. Die meisten Filtermaterialien, wie zum Beispiel Schaumstoffe, können unter dem laufenden Wasserhahn ausgespühlt werden; hierbei genügt handwarmes Wasser. Zu heißes Wasser würde die auf dem Filtermaterial zurückbleibenden Bakterien abtöten, was zu einer Unterbrechung der biologischen Tätigkeit des Filters führen würde.

Die Filterreinigung sollte zum Anlaß genommen werden, die Wassertemperatur wieder einmal zu überprüfen. Neben einer optimalen Beheizung des Aquariumwassers gilt es auch, die von der Beleuchtung abgegebene Lichtintensität im Auge zu behalten. Leuchtstoffröhren sollten nach etwa einem Jahr erneuert werden, da sie in dieser Zeit einen Großteil ihrer Leuchtkraft verlieren. HQI- oder HQL-Lampen sind stattdessen mehrere Jahre ohne nennenswerten Lichtverlust einsetzbar.

Natürlich gilt es auch den Rochen hin und wieder eine erhöhte Aufmerksamkeit zu schenken. Über die tägliche Kontrolle hinaus könnten beispielsweise nach den Pflegemaßnahmen alle Tiere eingehend auf ihren Gesundheitszustand hin kontrolliert werden.

Je nach Fütterungsmethode kann auch der Bodengrund einer mehr oder weniger ausgeprägten Verschmutzung ausgesetzt sein. Besonders wenn größere Mengen des Futters nicht gefressen werden, bleiben diese im Bodengrund liegen. Im warmen Wasser gehen diese sehr schnell in Fäulnis über, tragen zu einer massiven Verschlechterung der Wasserqualität bei und bilden gefährliche Infektionsherde. Die beste Vorbeugung ist, mäßig und kontrolliert zu füttern. Der Pfleger sollte sich durch eingehende Beobachtungen vergewissern, daß seine Tiere das angebotene Futter vollständig auffressen. Kommt es dennoch vor, daß Reste zurück bleiben, sind sie umgehend zu entfernen. Hierfür können beispielsweise Pflanzstangen zu Hilfe genommen werden. Bleiben jedoch viele kleine Futterstücke liegen, sind diese mit einem Mulmabsauger aus dem Bodengrund abzusaugen. Selbst wenn keine nennenswerten Mengen an Futterresten anfallen, kann bei Bedarf der Bodengrund mit dem Mulmabsauger einer Reinigung unterzogen werden. Im Handel sind sogenannte Mulmglocken erhältlich, die es erlauben die Bodengrundreinigung gleichzeitig mit dem Teilwasserwechsel durchzuführen. Zum Schluß noch eine Warnung: Während den Reinigungs- und Pflegemaßnahmen sind sämtliche technischen Geräte vom Stromnetz zu nehmen. Zum einen verlangen dies die Betriebsvoraussetzungen und zum anderen birgt Strom in Verbindung mit Wasser eine große Gefahrenquelle in sich.

Süßwasser-Stechrochen sind gesellige Tiere. Sie lassen sich auch sehr gut in Gruppen pflegen. Allerdings besteht immer wieder die Möglichkeit, daß einzelne Männchen ein überaus aggresives Verhalten gegenüber anderen Männchen entfalten können. Seltener richten sich die Aggressionen auch gegen die Weibchen. Deshalb ist es von Vorteil, wenn nur ein Männchen zusammen mit mehreren Weibchen gepflegt wird. Jungrochen, unterschiedlichen Geschlechts vertragen sich aber auch in größeren Gruppen wie hier am Beispiel von P. orbignyi *demonstriert wird.*
Foto: H. Gonella

Algen im Aquarium

Algen zählen nicht gerade zu den beliebtesten „Untermieter" in einem Aquarium. Die wasserreinigenden Bakterien hingegen haben ihren Platz im Aquarium gefunden. Allenfalls werden gerade noch einige Schnecken geduldet. Hingegen lösen die Algen bei den meisten Aquariumbesitzern höchste Ablehnung aus. Dabei gehören die Algen, wie übrigens auch die Schnecken, ebenfalls in ein Aquarium. Letztere werden jedoch von den Rochen gerne gefressen.

Selbstverständlich können die Algen unangenehm ins Gewicht fallen, wenn sie sich unkontrolliert vermehren. Als „niedere" Pflanzen stehen die Algen in direkter Konkurrenz zu den „höheren" Wasserpflanzen und können diese schädigen oder sogar verdrängen. Über einige Algen im Aquarium sollte man sich freuen. Auch in den natürlichen Gewässern der Rochen kommen Algen vor. Demzufolge gehören auch sie in ein Aquarium. Auf eine chemische Bekämpfung sollte man, wenn immer möglich verzichten. Bei unsachgemäßer Handhabung können sogenannte Algenbekämpfungsmittel den Gleichgewichtszustand im Aquarium stark beeinträchtigen. Zudem ist damit die Ursache des übermäßigen Algenwachstums noch nicht beseitigt. Auch die Rochen können mitunter sehr empfindlich auf die „giftigen" Inhaltstoffe der Algenbekämpfungsmittel reagieren.

Die beste Vorkehrung gegen Algenplagen ist ein gesunder und üppiger Pflanzenbestand und eine stabile und nicht zu nährstoffreiche Wassergüte. Bereits der Nährstoffgehalt des Wassers ist mit einer gezielten, eher maßvollen Fütterung und regelmäßigem Wasserwechseln gut unter Kontrolle zu halten. Auch die Beigabe von Wasserpflanzendünger kann bei zu hoher Dosierung das Algenwachstum fördern. Eine angemessene, nicht zu intensive Beleuchtung ist in der Lage einem übermäßigen Algenwachstum Einhalt zu gebieten. Die richtige Beleuchtungsdauer ist von der Art und Intensität der Beleuchtung abhängig.

Je nach Situation sollte die Beleuchtungsdauer zwischen zehn bis 14 Stunden betragen. Beispielsweise kann bei übermäßig auftretenden Grünalgen die Beleuchtungsdauer um ein bis zwei Stunden pro Tag reduziert werden. Bei einer Braunalgenplage hingegen wird die Beleuchtungsdauer auf ein bis zwei Stunden erhöht. Natürlich möchte der Betrachter seine Rochen auch in den Abend- und Nachtstunden beobachten können. In der Regel hat eine Beleuchtung bis in die Nacht hinein keinen schädlichen Einfluß auf das Aquariummilieu, solange die Beleuchtungsdauer in festgelegten Zeitabständen erfolgt. So ist zum Beispiel eine Zeitspanne zwischen zehn Uhr morgens bis elf Uhr abends durchaus akzeptabel.

Etwas schwieriger ist die Bekämpfung von Bart- oder Pinselalgen. Sie können vorsichtig von Hand abgelesen werden, unterstützt durch einen regelmäßigen Teilwasserwechsel. Blaualgen dürften hingegen in einem gut gepflegten Aquarium nicht auftreten. Den Bakterien sehr Nahe stehend, entwickeln sie sich bei faulendem Bodengrund, respektive zu vielen Futterresten. Abhilfe schafft das Absaugen mit der Mulmglocke.

Nicht zu vergessen ist, daß für eine Verbesserung der gängigen Algenwachstumsprobleme mit Zeiten von einigen Wochen gerechnet werden muß und natürlich sollten die an den Scheiben haftenden Algen regelmäßig entfernt werden. Am besten geschieht dies vor den Teilwasserwechseln. Wird zulange zugewartet, lassen sie sich nur schwer von den Scheiben entfernen und durch eine unsachgemäße Reinigung können durchaus Kratzer am Glas entstehen.

P. leopoldi *und im Sand vergraben liegt ein* P. orbignyi.
Foto: H. Gonella

Verhalten und Pflege von südamerikanischen Süsswasser-Stechrochen

Im Vergleich zu vielen anderen Aquariumfischarten ist über das Verhalten der Süßwasser-Stechrochen noch sehr wenig bekannt. Die meisten Beobachtungen beschränken sich auf die Aquariumhaltung. Über das Verhalten in der Natur ist sogut wie nichts bekannt. Was die Aquariumbeobachtungen anbelangt, können diese je nach Gegebenheiten, wie Aquariumgröße und anderes, recht unterschiedlich ausfallen. Ebenso können ungleiche Aquariumbedingungen den verschiedensten Verhaltensweisen eine völlig neue Gewichtung verleihen. Weiterhin ist es auch möglich, daß je nach Erfahrung des Pflegers, auffällige Verhaltensweisen verschieden bewertet werden. Erschwerend kommt hinzu, daß die Süßwasser-Stechrochen nicht gerade zu jenen Fischarten zählen, deren Verhaltensweisen leicht zu entschlüsseln sind, ganz zu schweigen von den oft fehlenden Voraussetzungen des Pflegers, die aus den Beobachtungen resultierenden Ergebnisse, zum Beispiel mit Kenntnissen über andere Fischarten, vergleichend zu behandeln und zu nutzen. Meist bedarf es eingehender Beobachtungen, um den Grund für ein bestimmtes Verhalten zu erkunden. So sind zum Beispiel die Grün-

Die Körperzeichnung ähnelt etwas der Art P. constellata. *Allerdings könnte es sich ebensogut um eine noch unbekannte Rochenart handeln.*
Foto: H. Gonella

Musterbeispiel eines Heimaquariums für Süßwasser-Stechrochen. Einem Pärchen P. leopoldi *und einem* P. motoro *stehen zusammen mit etlichen Buntbarschen ein Aquarium mit 4.000 l Wasserinhalt zur Verfügung. Damit die Stabilität der Wassergüte gewährleistet wird, besitzt dieses Aquarium einen sogenannten Stetslauf, mit dem täglich bis 600 l Frischwasser zugeführt wird. Mittels eines Überlaufes wird das überschüssige Aquariumwasser abgeführt. Die Wasserwerte liegen mit pH 7, 6 °dGH und 3-4 °KH im Idealbereich.*
Foto: H. Gonella

de, aber auch die Auswirkungen einer gestörten Nahrungsaufnahme, nicht ohne weiteres ersichtlich. Oftmals ist es zu spät, wenn die Folgen einer Nahrungsverweigerung erkannt werden. Nicht selten wird dann die Nahrungsverweigerung mit einer Krankheit gleichgesetzt. Vielfach trifft dies sogar zu. Darüberhinaus kann jedoch auch eine bestimmte Futtersorte, die von den Rochen nicht akzeptiert wird oder schlechte Pflegebedingungen zu akuten Mangelerscheinungen führen oder für ein daraus entstehendes Krankheitsbild verantwortlich sein. Die Schwierigkeit eine Futterverweigerung zu erkennen, liegt darin, daß die Rochen bereitwillig Futterbrocken aufnehmen, diese sogar zerkauen, dann jedoch wieder ausspucken. Für den Pfleger ist es hernach oft unmöglich abzuschätzen, ob seine Tiere auch wirklich gefressen haben. Das Spiel mit dem Futter, verbunden mit dem lebhaften Grundverhalten täuschen oft über vorhandene Schwierigkeiten hinweg. Wird das Problem erkannt, ist es meist zu spät, das betroffene Tier zu retten, was unter anderem auch dem dürftigen Wissensstand über die Rochenpflege angelastet werden kann. Um so wichtiger ist es, daß der Pfleger gewissenhaft seine eigenen Beobachtungen anstellt.

Die Einrichtung und im besonderen Maße die Aquariumgröße, aber auch die Vergesellschaftung verschiedener, nicht zueinander passender Rochenarten können ein normales Verhalten verunmöglichen und sogar zum frühzeitigen Tod führen. Gerade die kleinen, zierlich gebauten Rochenarten werden von robusteren Rochenarten verdrängt, wenn nicht sogar angegriffen. Tritt beispielsweise Futterneid auf, können die schwächeren von den stärkeren Arten regelrecht zerfetzt werden. Solche und ähnliche Zwischenfälle treten oft nicht spontan auf, sondern entwickeln ihre ganze Tragweite erst allmählich. Werden Verletzungen und die daraus entstehenden, sekundären Krankheitsbilder, wie zum Beispiel Pilzbefall, nicht mit einem bestimmten, verhaltensbedingten Umstand in Zusammenhang gebracht, nutzt auch eine Behandlung der Infektion wenig. Allerdings sollte nicht jede Infektion mit möglichen Auseinandersetzungen unter den Rochen in Verbindung gebracht werden. Dieses Beispiel zeigt lediglich auf, daß verschiedene Gründe zu einer infektiösen Krankheit führen können.

Da Süßwasser-Stechrochen in Sachen Verhaltensweisen eher zu den undurchschaubaren Fischarten zählen, sind sie gewiß keine Pfleglinge, die für den unerfahrenen Aquarianer als sehr geeignet erscheinen. Zumindest ist es nötig, das vorliegende Buch, mit seinen wenn auch nicht umfassenden Pflegeanleitungen und Verhaltensbeobachtungen, eingehend zu studieren - doch vieles gilt es wohl in der Zukunft noch zu entschlüsseln, bis eine kenntnisreichere Rochenpflege möglich wird. Deswegen ist es von Nutzen, ja sogar unverzichtbar, das Verhalten der eigenen Tiere genauestens zu beobachten. Ebenso sinnvoll ist es, den Ursachen unbekannter Verhaltensweisen nachzugehen und auf die gemachten Beobachtungen maßvoll zu reagieren. Das verlangt vom Pfleger ein Höchstmaß an „Einfühlsamkeit" und auch etwas an Geduld. Meist nehmen jene Verhaltensweisen plötzlich eine zentrale Stellung ein, die beim Pfleger von vornherein den Eindruck vermitteln, daß mit den Tieren irgend etwas nicht in Ordnung ist. Panikhandlungen helfen hier aber meist nicht viel weiter. Trotzdem ist umgehend zu handeln, wenn die Rochen Schaden nehmen könnten. Vielfach helfen schon kleinste Veränderungen, auftretende Probleme zu beheben. Eine neue Futtersorte kann die Tiere zum Fressen bewegen, eine Umgestaltung des Lebensraums kann bessere Lebensbedingungen schaffen oder eine problembehaftete Vergesellschaftung mit anderen Arten oder Artgenossen ist aufzuheben, um die „Harmonie" im Aquarium wiederherzustellen.

Das Verhalten in der Natur

Naturbeobachtungen geben viele wertvolle Hinweise darüber, welche Anforderungen die Fische an die Pflege im Aquarium stellen. Je mehr über die natürlichen Lebensweisen bekannt ist, um so mehr kann den Bedürfnissen der Tiere Rechnung getragen werden. Bei manchen Fischarten ist der Wissensstand relativ hoch. Nicht aber bei den Süßwasser-Stechrochen; ihre Lebensweisen entziehen sich weitgehend neugierigen Blicken der Amazonas-Reisenden. Das Beobachten von Rochen ist sehr schwierig, weil sie in „weitreichenden" und meist auch in trüben Wasserverhältnissen komplexer Gewässersysteme beheimatet sind.

Einige „Momentaufnahmen" im Leben der Süßwasser-Stechrochen lassen jedoch Rückschlüsse auf ein mögliches Verhalten in freier Natur zu. Dies sollte eigentlich in der Aquariumhaltung so weit wie möglich berücksichtigt werden. Auf gar keinen Fall sollte man vergessen, daß es sich bei den Süßwasser-Stechrochen um Wildtiere handelt, die bestimmte Bedürfnisse besitzen.

Süßwasser-Stechrochen sind in der Natur vorwiegend in seichten Gewässerzonen nahe des Flußufers zu beobachten. Im seichten Wasser sind ihre Ruheplätze leicht an den kreisförmigen Vertiefungen im sandigen Bodengrund auszumachen. Die seichten Sandzonen stellen jedoch noch lange nicht den gesamten von den Rochen

Entsprechend der flächenmäßigen Ausbreitung ihres natürlichen Refugiums gehören die Süßwasser-Stechrochen zu den bewegungsfreudigen Tieren. Schon die sehr lebendigen Jungtiere verlangen nach einem geräumigen Aquarium. Hier ist ein P. orbignyi *beim schnellen Durchschwimmen seines Aquariums zu sehen.*
Foto: H. Gonella

Am Beispiel des Aquariumhauses „Les Naïzdes“ in Ottrott, Frankreich, ist zu erkennen, wieviel Platz den Süßwasser-Stechrochen in öffentlichen Aquarien zur verfügung steht.
Foto: H. Gonella

beanspruchten Lebensraum dar. Mit Vorliebe halten sich die Tiere nur des Nachts an den Flußufern auf. Während des Tages trifft man sie vor allem in tieferen Gewässerschichten an. Dort liegen sie, ebenso gerne über längere Zeit hinweg, regungslos im „Schlamm“ verborgen. Darüber hinaus ist, zumindest im klaren Wasser, eine Begegnung mit den Rochen durchaus möglich. Aus der Tiefe erscheinen plötzlich die charakteristischen Rochenkonturen. Majestätisch durchstreifen sie das freie Wasser, um ebenso plötzlich wie sie erschienen sind wieder in der Dunkelheit der Fluten zu verschwinden. Vermutlich durchstreifen die schwimmfreudigen Tiere bei der Nahrungssuche weitreichende „Gebiete“, wobei davon ausgegangen werden kann, daß sie zum Fressen auch tiefere Wasserzonen aufsuchen. Sie dringen selbst in die Überschwemmungszonen beidseitig des Amazonas ein.
Würde man die wenigen, ebengenannten Anhaltspunkte berücksichtigen, müßte die Aquariumeinrichtung neue Dimensionen erhalten. Einmal von den bereits genannten Empfehlungen zur Aquarumeinrichtung abgesehen, die durchaus ihre Berechtigung haben, könnten die lebensraumbildenden Strukturen einige Erweiterungen erfahren. Entsprechend den seichten Uferzonen könnte etwa ein Drittel der Aquariumgröße in eben eine solche Flachwasserzone umgewandelt werden. Mit einer Wassertiefe von 10 bis 20 cm entspräche sie einer sehr seichten Stelle, die auch in der Natur von den Rochen sehr gerne aufgesucht wird. Desweiteren könnte das Anlegen einer Dunkelzone, welche die lichtarmen, tieferen Wasserschichten ersetzen könnte, in Betracht kommen. Mittels eines dichten „Teppichs“ von Schwimmpflanzen oder einer Bepflanzung zwischen dem Aquarium und der Beleuchtung, zum Beispiel mit in Töpfen eingesetzten Zimmerpflanzen, wäre dies verhältnismäßig einfach zu erreichen. Noch sinnvoller wäre es, den verlorenen Raum unter der Flachwasserzone für eine Dunkelzone zu nutzen. Indem die Flachwasserzone sozusagen als überhängender Balkon angelegt würde, käme der darunterliegende Raum, völlig abgedunkelt, den Rochen zugute. Ob die Süßwasser-Stechrochen, wie

in aquaristischen Veröffentlichungen oft dargestellt, zu den tagaktiven Tieren gezählt werden können, bleibt hier noch dahingestellt; anzuzweifeln ist es ohnehin. Jedenfalls zeigen sie in der Dämmerung und Abendstunden eine erhöhte Aktivität. Daneben sind sie auch am Tage wie auch in den Nachtstunden, sofern die Lichtverhältnisse eine Überprüfung zulassen, mehr oder weniger aktiv. So gesehen, haben vermutlich Dunkelzonen im gleichmäßig ausgeleuchteten Aquarium eine weit größere Bedeutung als biser angenommen wurde - wie auch immer - ein Versuch ist es allemal wert.
Leider haben die südamerikanischen Süßwasser-Stechrochen, beziehungsweise ihre Beobachtung in der Natur, noch nicht die Aufmerksamkeit erhalten, die ihnen zukäme. Noch weitgehend unerforscht bleibt das Wissen über die prächtigen Tiere sehr klein. Dabei wären gerade Naturbeobachtungen für eine optimale Aquariumpflege von größter Bedeutung. So bleiben die Erkenntnisse, die über die Lebensweisen der Süßwasser-Stechrochen Auskunft geben könnten ein Geheimnis, das es in der Zukunft noch zu erforschen gilt. Das Unwissen über die Lebensweisen macht vielleicht auch ein Teil der Faszination aus, die von den Süßwasser-Stechrochen ausgeht.

Das Verhalten im Aquarium

Wie im vorangegangenen Abschnitt eingehend erläutert, sind die Lebensgewohnheiten der Süßwasser-Stechrochen noch lange nicht erforscht. Vermutlich wurden aufgrund ihres scheinbar eher bescheidenen Verhaltensrepertoirs bis anhin nur wenige Verhaltensbeobachtungen unter Aquariumbedingungen veröffentlicht. Doch der Eindruck täuscht; die Süßwasser-Stechrochen verfügen durchaus über viele interessante Verhaltensweisen. Allerdings ist es weitgehend von der Aquariumgröße abhängig, ob und in welchem Ausmaße sich

P. motoro *mit außergewöhnlicher gräulich-brauner Grundfärbung.*
Foto: Aqualife Japan

Dieses Bild zeigt sehr schön wie ein Rochen bei der Futtersuche in den sandigen Bodengrund hinein bläst, um die darin verborgenen Lebewesen zu erbeuten. Die Vermutung liegt nahe, daß diese Form der Futtersuche angeboren ist.
Foto: H. Gonella

bestimmte Verhaltensmuster im vollen Umfang entfalten können.
Nach früheren Berichten zufolge können Süßwasser-Stechrochen nicht zusammen mit Artgenossen in einem Aquarium gepflegt werden. Diese Vermutung basiert auf der Annahme, daß sich die Rochen gegenseitig stechen und töten. Welche Ursachen diesen Aussagen zu Grunde lagen, kann nur vermutet werden. Vielleicht waren zu enge Platzverhältnisse dafür verantwortlich. Womöglich handelte es sich dabei auch nur um einige unglückliche Zwischenfälle. Natürlich können ernsthafte Auseinandersetzungen zwischen den Rochen nie ganz ausgeschlossen werden. So ist bei fortpflanzungswilligen Tieren, besonders den Männchen, ein unter Aquariumbedingungen aufkeimendes Revierverhalten nicht ganz abzusprechen. Obwohl in der Natur mit großer Wahrscheinlichkeit keine Revierbildung zu beobachten ist, kann es im Aquarium durchaus zu Konkurrenzsituationen kommen. Sicher ist es, vernünftig mit mehreren Weibchen nur ein Männchen zu vergesellschaften, somit wären zumindest allfällige Probleme bei der Fortpflanzung auszuschließen. Während einer der meist harmlos verlaufenden Auseinandersetzungen ist nie ganz auszuschließen, daß ein Rochen von einem Artgenossen gestochen wird. Allerdings muß ein Stich nicht unbedingt den davon betroffenen Rochen töten. Um das gut erkennbare „Einstichloch" kann sich ebensogut nur eine kreisrunde Hautverfärbung einstellen. Vermutlich hat im Bereich der zuerst gefährlich aussehenden, gräulichen Hautstelle, das Rochengift seine Wirkung gezeigt. Die Wunde sowie die graue Hautstelle heilen jedoch schnell und sind bereits schon nach zwei Wochen kaum mehr auszumachen. Heutzutage besteht die Gewißheit, daß die Süßwasser-Stechrochen überaus sozial veranlagte, beziehungsweise „gesellige" Tiere darstellen. Die Pflege in kleineren Gruppen kommt dem Wesen der Rochen sehr entgegen. Selbst bei der Nahrungsaufnahme kommen sie sich normalerweise kaum in die Quere. Nicht selten ist zu beobachten, wie die Rochen beim Fressen friedlich übereinanderliegend, die Futterstücke aufnehmen. Gelegentlich „schubsen" sich die Tiere behutsam gegenseitig weg, um ein bestimmtes Futterstück erreichen zu können. Mit einer größeren Aggressionsbereitschaft ist dabei kaum zu rechnen.

Das diffuse Bild entstand bei beinahe völliger Dunkelheit im Nachttierhaus des Papiliorama-Nocturama in Marin-Epagnier, Schweiz. Hier können die Süßwasser-Stechrochen im umgekehrten Tag-Nacht-Rhythmus beobachtet werden.
Foto: H. Gonella

Auffällig ist, daß die zu Beginn noch sehr ängstlichen und schreckhaften Tiere, bei entsprechender Pflege, in kurzer Zeit Vertrauen in ihre Umgebung fassen. Bei einem behutsamen Vorgehen zeigen die Rochen auch eine schnelle Zutraulichkeit gegenüber dem Pfleger, beziehungsweise der Hand des Pflegers. Es trifft sogar zu, daß der ausgeprägte „Spieltrieb" der Tiere den Kontakt zum Pfleger begünstigt. Des öfteren hört und liest man davon, daß Rochen aus der Hand ihres Pflegers fressen. Sie lassen sich, allem Anschein nach, sogar bereitwillig streicheln. Haben sich die Rochen erst einmal ausreichend an die Hand des Pflegers gewöhnt, könnten sie, zwar widerwillig aber ohne Gegenwehr, durch eine behutsame Handbewegung zur Seite geschoben werden. Was den Eindruck erwecken könnte, zum Beispiel bei Reinigungsarbeiten seien die Tiere ohne weiteres „herumzuschubsen". Solche und ähnliche Geschichten über das zutrauliche Verhältnis zwischen Süßwasser-Stechrochen und Pfleger sind des Öfteren Gegenstand ausführlicher Erzählungen. Doch Vorsicht! Trotz ihrer unbestrittenen Zutraulichkeit kann gerade eine falsch eingeschätzte Harmlosigkeit ein großes Gefahrenpotential in sich bergen. Auch noch so friedlich scheinende Rochen sind und bleiben für den Pfleger gefährlich. Je zutraulicher ein Rochen ist, um so unberechenbarer wird er. Meist liegt es allerdings nicht am Tier, sondern an der Leichtsinnigkeit der Pfleger, die den nötigen Respekt und Vorsicht vergessen lassen. Selbstverständlich ist im Aquarium stets vorsichtig zu hantieren. Selbst sehr kleine Rochen können zustechen, wenn sie durch einen Schattenwurf erschrecken oder in der Nähe ihres Verstecks der Bodengrund gereinigt wird. Nur ein sehr erfahrener Pfleger kann es sich erlauben, seine Tiere anzufassen oder sogar in die Hand zu nehmen. Zudem bedingt dies eine tägliche behutsame, langanhaltende Kontaktnahme zum Tier und viel Geduld, die auch dann nur von einem Erfolg gekennzeichnet ist, wenn sich ein Jungtier langsam an die Hand des Pflegers gewöhnen kann. Ausgewachsene Rochen hingegen werden ihre natürliche Scheu kaum mehr verlieren. Obschon eine möglichst nahe und intensive Beziehung zwischen Pfleger und Rochen wünschenswert ist, können aus Gründen der Sicherheit vorangegangene Beispiele nicht uneingeschränkt zur Nachahmung empfohlen werden. Es ist ratsam, während Pflegearbeiten bei denen ein direkter Kontakt mit den Rochen nicht auszuschließen ist, geeignete Werkzeuge zu benutzen. So können beispielsweise zum Entfernen nicht gefressener Futterbrocken, Pflanzstangen oder Ähnliches Verwendung finden. Auf jeden Fall sind hektische Bewegungen im Aquarium zu vermeiden. Ebenso ist es zu unterlassen, die Rochen bei Pflegearbeiten in die Enge zu treiben. Die Folge wäre ein sofortiger Angriff der Tiere. Werden die Vorsichtsmaßnahmen beachtet, braucht man sich vor den Süßwasser-Stechrochen nicht zu fürchten. Sie sind keine böswilligen Tiere und vermeiden unter normalen Umständen einen unnötigen Kontakt zur Hand des Pflegers, indem sie ihr manchmal sogar ausweichen.

Als bodenlebende Tiere bevorzugen die Rochen gleichermaßen die mittleren und oberen Wasserschichten. Scheinbar mühelos gleiten sie über den sandigen Bodengrund, um dann an die Wasseroberfläche aufzusteigen. Hierauf schwimmen sie quer durchs Aquarium bis sie sich schließlich wieder auf den Bodengrund hinabsinken lassen. Süßwasser-Stechrochen sind äußerst aktive Tiere, die sich einen Großteil des Tages, wie auch in den Abendstunden, in ständiger Bewegung befinden. Eine helle Aquariumbeleuchtung scheint sie nicht besonders zu stören, da sie auch in der Natur an seichten, klaren und in sonnendurchfluteten Gewässerabschnitten vorkommen. Dennoch ist in der Regel während der Dämmerung und Abendstunde eine erhöhte Aktivität feststellbar. Dementsprechend kann etwa eine Stunde Dämmerbeleuchtung am Abend für ihr Wohlbefinden durchaus förderlich sein. Das nötige Dämmerlicht ist durch eine einzelne, zur HQI- oder HQL-Beleuchtung zuschaltbare Leuchtstoffröhre, bestens regulierbar. Wird dagegen das Aquarium ausschließlich mit Leuchtstoffröhren beleuchtet, so können die Röhren stufenweise ausgeschaltet werden, was wiederum eine Abenddämmerung simulieren kann. Sofern die Wohnzimmerbeleuchtung ausgeschaltet wird, lassen sich die Rochen in dieser Zeit vorzüglich beobachten, da sie weniger durch optische Reize außerhalb des Aquariums beeinflußt werden.
Die Süßwasser-Stechrochen gelten durchaus als lebendige, manchmal auch „spontane" Tiere, die ihren Bewegungsdrang auszuleben vermögen. Das Blickfeld der zum Teil sehr ungestümen Fische ist jedoch auf ihre obere Körperhälfte beschränkt. Gerade deshalb kann es vorkommen, daß sie mit zuviel Schub die Aquariumscheibe hochschwimmend über den Rand des Aquariums hinausschießen und auf dem Fußboden landen. Wird das Malheur nicht umgehend entdeckt, nehmen die Kiemen

Rochen liegen oft lange Zeit im Sand vergraben. Foto: H. Gonella

schon nach kurzer Zeit Schaden und das betroffene Tier verendet. Weit häufiger werden die Rochen jedoch noch rechtzeitig abdrehen und dafür einen beachtlichen Wasserschwall aus dem Aquarium befördern, der unschöne Wasserpfützen auf dem Fußboden hinterläßt. Dem kann mit einem ausreichend hohen Rand vom Wasserspiegel zur Aquariumoberkante hin entgegnet werden. Die Neugierde der Süßwasser-Stechrochen ist beinahe unübertrefflich. Mit enormer Ausdauer können sie jeden Winkel im Aquarium erkunden. Dabei scheuen sie auch nicht davor zurück, das gesamte Aquarium regelrecht umzugraben. Eine ihrer großen Vorlieben ist es, beispielsweise in den Vertiefungen von Lochsteinen nach Freßbarem zu suchen. Hierfür „blasen" sie immer wieder in die vorhandenen Löcher, um diese auch bei ausbleibendem Erfolg auf ein Futterstück wenigstens durchsucht zu haben. Die aufmerksamen Rochen bemerken schon die kleinste Veränderung im Aquarium. So kann bei ihnen ein neu ins Aquarium eingebrachter Flußstein großes Interesse wecken. Umgehend werden sie den Stein untersuchen, indem sie selbst die Unterseite des Steins durch „Wegblasen" des Sands zu erkunden versuchen. Bei ihren „Erkundungsgängen" über den Steinaufbauten scheinen sie auch ihre Bauchflossen einzusetzen, was jedoch hierfür keinen Sinn erkennen läßt. Warum soll also diesem „Entdeckungs- und Spieltrieb" der Rochen nicht entgegengekommen werden und hin und wieder für kleinere Veränderungen im Aquarium Anlaß geben. Die kleinen Veränderungen in der Einrichtung sollen etwas Abwechslung ins Rochenleben bringen, nicht aber die Tiere in zu große Unruhe versetzen. Mitunter stört es sie, wenn ein Stein oder eine Pflanze ihren Ruheplatz verkleinert und sie sich etwas neben dem gewohnten Standort eingraben müssen. Rochen die dagegen in einrichtungslosen Aquarien gepflegt werden, zeigen meist ein gleichgültigeres, ja „phlegmatischeres" Verhalten. Demzufolge sollte nicht auf einen reich strukturierten Lebensraum verzichtet werden.

An und für sich gehören die Süßwasser-Stechrochen, auch Artgenossen gegenüber, zu den eher friedlichen Fischen. Trotzdem sind gelegentliche Raufereien zwischen den Tieren möglich. Meist bleiben diese ohne nennenswerte Folgen. Hingegen können Kämpfe zwischen verschiedenen Rochenarten dramatische Ausmaße erlangen. Besonders wenn große, robuste Rochenarten mit kleineren Arten zusammen gepflegt werden, können Probleme entstehen. Mangels Ausweichmöglichkeiten terrorisieren die größeren und stärkeren Arten die kleinwüchsigeren Verwandten. In der Natur sind Auseinandersetzungen zwischen Rochen vermutlich eher selten.

Selbst in seichten Lagunen bleibt genügend Platz, um den schwächeren Tieren den Rückzug zu ermöglichen. Wahrscheinlich werden meist sowieso nicht dieselben Gebiete beansprucht. Im Aquarium ist dies nicht möglich. Vermutlich aus Gründen der Nahrungskonkurrenz versuchen die robusteren Arten sich gegenüber den kleineren Arten durchzusetzen, was ihnen auch meist gelingt. Unter Umständen greifen die stärkeren Tiere unerbittlich an und „beißen" ihren Konkurrenten ganze Körperteile ab. Die so malträtierten Tiere sterben meist an ihren Verletzungen oder an der erheblichen Streßsituation, der sie nicht gewachsen sind.

Für die Süßwasser-Stechrochen übernimmt die Möglichkeit sich im Bodengrund zu vergraben eine wichtige Schutzfunktion. Bestimmt verhalf die Tarnung im

In ausreichend großen Aquarien können die Süßwasser-Stechrochen ohne Probleme mit verschiedenen zu ihnen passenden Fischarten vergesellschaftet werden. Foto: H. Gonella

Laufe der Entwicklungsgeschichte der „alten" Tiergruppe zum Fortbestand. Völlig regungslos und scheinbar anteilslos können sie sich im Sand vergraben, viele Stunden ausharren. Schwimmen sie aus ihrem Versteck hervor, bieten sie einen geheimnisvollen Anblick. Langsam „rieselt" der an der schleimigen Fischhaut anhaftende Sand von den Fischen und sinkt zu Boden. Mitunter haften noch nach 30 Minuten Sandreste an den Rochen. Die stark ausgeprägte Schleimabsonderung dient vermutlich zum einen dazu, die Körperoberfläche vor Verletzungen und einer Verschmutzung durch feinste Partikel zu schützen. Rochen müssen die Gelegenheit haben sich einzugraben, ansonsten finden die eingeschüchterten Tiere keine Ruhe, was ihre Lebenserwartung erheblich verkürzt. Selbst wenn nach den Beobachtungen des Pflegers die Rochen nur wenig Gebrauch von ihrer Tarnung machen, stellt sie einen unerläßlichen Bestandteil im Rochenleben dar. So sollte man sich auch nicht wundern, wenn ein Rochen immer dieselbe Pflanzengruppe ausgräbt. Vielleicht beansprucht er den für die Pflanzen vorgesehenen Standort für sich. Oftmals genügt es, die Pflanzen an einem anderen Ort einzupflanzen und der Rochen wird sie ignorieren.

Jede Rochenart besitzt die für sie typischen Verhaltensweisen in mehr oder weniger ausgeprägter Form. Das heißt, je nach Art können Verhaltensweisen, wie beispielsweise das Eingraben im Bodengrund, unterschiedlich stark ausgelebt werden. So scheint sich die Art *Potamotrygon leopoldi* etwas weniger häufig einzugraben wie andere Arten, und die Pfauenaugen Stechrochen, *P. motoro,* zeigen ein überaus neugieriges und lebhaftes Verhalten. Ebenfalls beeinflussen die Gegebenheiten im Aquarium das Verhalten der Tiere, so können zwischen den hier genannten Ausführungen und bestimmten Umständen durchaus Diskrepanzen auftreten.

Zum Schluß dieses Abschnitts soll noch auf eine echte Alternative der Süßwasser-Stechrochenpflege im Aquarium hingewiesen werden, die in gewisser Weise bestimmt auch das Verhalten der Tiere maßgeblich beeinflußt. Eine wertvolle Ergänzung zu „konventionellen" Aquariumtypen, die für eine Rochenpflege in Frage kommen, zeigt zum Beispiel das Aquarium der Nachttierabteilung des Papiliorama-Nocturama in Marin-Epagnier, Schweiz. Zusammen mit vielen anderen nachtaktiven Tierarten, wie beispielsweise dem Neunbindengürteltier, *Dasypus novemcinctus,* oder dem Ozelot, *Felis pardalis,* können die Besucher die Süßwasser-Stechrochen in der Atmosphäre einer Vollmondnacht, die aus den Urwäldern Süd- und Zentralamerikas nachempfunden wurde, vollumfänglich bewundern. Somit besteht für die Besucher die Möglichkeit, die Rochen beim umgekehrten Tag-Nacht Rythmus, von jeweils zwölf Stunden, unter den bestmöglichen Gegebenheiten zu beobachten. Das Verhalten der Tiere macht den Anschein, unter diesen Bedingungen im Vergleich zu den üblichen Aquarientypen, zumindest in einem Punkt abzuweichen. Während die Tiere in der für sie simulierten Nacht ein lebendiges Verhalten besitzen, liegen sie einen Großteil, während des mit Kunstlicht beleuchteten Tages, völlig regungslos unter Wurzeln oder Steinaufbauten. Dadurch, daß sich in der für die Tiere zum Tag gewordenen Nacht keine Besucher vor den Aquarien aufhalten, sind sie während der Ruhephasen völlig ungestört. Im überaus geräumigen Aquarium leben *P. reticulatus* (heute *P. orbignyi* genannt) und *P. motoro* zusammen mit einer Plecostomus-Art sowie Amazonas-Messerfischen, *Apteronotus albifrons*, sowie Knochenzünglern, *Osteoglossum ferreira*, friedlich zusammen. Um die Wasserhärte den

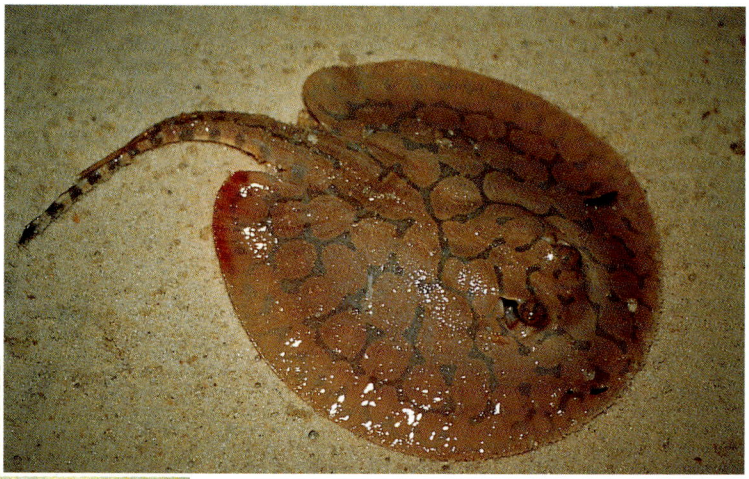

Die Rochenhaut ist trotz ihrer lederartigen Beschaffenheit und rauhen Beschuppung anfällig gegenüber allerlei Infektionskrankheiten. Meist sind Hautverletzungen für Infektionen verantwortlich. Die gerötete Hautstelle an diesem Exemplar der Art P. orbignyi *entstand beim Fang mit dem Netz. Bei guter Pflege wird die Quetschung jedoch schnell wieder verheilen. Foto: M. Rank*

Stattliches Exemplar der Art P. orbignyi, *das auch unter dem Synonym* P. reticulatus *im Handel angeboten wird. Die weißliche fleckenartige Hautstelle ließ keinerlei Anzeichen einer Erkrankung erkennen. Vermutlich handelte es sich um eine ausgeheilte Verletzung. Nach einiger Zeit war von der einstmaligen Wunde nichts mehr zu sehen. Foto: H. Gonella*

Bedürfnissen der Tiere anzupassen, wird das Leitungswasser mit Regenwasser vermischt. Im wöchentlichen Turnus erfährt das Aquariumwasser, einmal zu 1/2 und die Woche darauf zu 3/4 eine Erneuerung; und so weiter. Die Aquariumwassertemperatur beträgt zwischen 27 bis 28 °C und die Wasserwerte entsprechen den natürlichen Bedingungen. Die Fische werden in einem Zeitabstand von etwa sechs Stunden, zweimal pro „Nacht" gefüttert. Dieses Beispiel der Aquariumpflege zeigt auf eindrückliche Art und Weise, daß den Rochen während des Tages möglichst viel Ruhe gegönnt sein muß. Auch macht an und für sich eine übermäßig intensive Aquariumbeleuchtung wenig Sinn. Weiterhin sollte die Fütterung während den Nachtstunden erfolgen. Eine zumindest bei völliger Dunkelheit einzusetzende Dämmerbeleuchtung kann, auch bei Heimaquarien, problemlos die Lichtverhältnisse einer Tropennacht vortäuschen. So gesehen, können auch in Heimaquarien den Süßwasser-Stechrochen, ohne den Tag zur Nacht zu machen, artgerechte Bedingungen angeboten werden. Bedingung ist nur, daß ein mäßig beleuchtetes Rochenaquarium in einem ruhigen Teil der Wohnung untergebracht wird und der Pfleger seine Tiere in der Abenddämmerung und vor dem zu Bett gehen maßvoll füttert. Zusätzlich gibt eine Kontrolle am Morgen darüber Aufschluß, ob nicht noch herumliegende Futterreste die Wasserqualität beeinträchtigen können.

Die Verträglichkeit der Süßwasser-Stechrochen gegenüber Beifischen

In geräumigen Aquarien, die den Rochen als auch den Bedürfnissen, der infrage kommenden Beifischen Rechnung tragen, besteht die Möglichkeit verschiedene Fischarten miteinander zu vergesellschaften. Voraussetzung ist, daß die Beifische ihnen entgegenkommende Versteckmöglichkeiten, beziehungsweise Ruhe- oder Schlafplätze vorfinden. Und es versteht sich wohl von

In Heimaquarien ist auf die Vergesellschaftung unterschiedlicher Rochenarten weitgehenst zu verzichten. Mit der Zeit können unter Umständen Probleme auftreten. Zum Beispiel können aggressivere Arten ruhigere andersartige Tiere verdrängen, wenn nicht sogar bei Auseinandersetzungen ernsthaft verletzen. Hier ist ein solches ungleiches Paar der Arten P. henlei *und unten* P. motoro *abgebildet.*
Foto: Aqualife Taiwan

selbst, daß Rochen wie auch die ausgesuchten Beifische, dieselben Ansprüche an die Wasserqualität stellen.
Zu den beliebtesten Beifischen zählen die großwüchsigen Harnischwelsarten. Sie benötigen in erster Linie Wurzeln aus Mooreiche für ihr Wohlbefinden. Nicht nur als Verstecke bedarf es der Wurzeln, sondern für die Welse sind die von ihnen laufend aufgenommenen „Holzanteile" ein wesentlicher Bestandteil ihrer Ernährung. Jene Welsarten, die über ausgeprägte Rückenstacheln verfügen, können jedoch für die Rochen auch ein Problem darstellen. Besonders beim Fressen könnten sich Rochen und die ebenso wehrhaften Welse in die Quere kommen. In der Folge können sich die Rochen an den Stacheln der Welse verletzen, was wiederum zu Infektionen führen könnte. Bei ausreichend großen Aquarien sowie einem ausgeglichenen Größenverhältnis zwischen Rochen und Welsen sind jedoch keine nennenswerten Komplikationen zu erwarten.
Außer großwüchsigen, aber auch kleineren Welsarten, können selbst flinke „Kleinstfische", wie die Neonsalmler, mit Rochen zusammen gepflegt werden. Bedingung ist aber auch hier, daß sich die Beifische bei Bedarf in eine Pflanzengruppe zurückziehen können, um Schutz zu suchen. Damit verringert man mögliches Streßaufkommen bei den kleinen Salmlern, was sich wiederum günstig auf ihre Gesundhaltung auswirkt. Es muß damit gerechnet werden, daß kleine Fische, die des Nachts über dem Bodengrund ruhen von den Rochen gefressen werden. In erster Linie fallen den Rochen aber kranke oder sonstwie geschwächte Tiere zum Opfer. Im Falle erkrankter Fische vergreifen sich die Rochen auch an wesentlich größeren Mitbewohnern, als beispielsweise die Neons, die in einem Stück verschlungen werden können. Allerdings vermögen die Rochen aufgrund ihrer Zahnstellung sehr große Fische höchstens anzuknabbern. Neben den kleinen Salmlern eignen sich vor allem die mittelgroßen, aber auch großwüchsigen Salmlerarten, wie die Rautenflecksalmler, *Hemigrammus candovittatus.*
Nebst vielen anderen Fischgruppen können auch friedliche Buntbarsche mit Rochen ein Aquarium teilen. Sollte es jedoch zwischen Rochen und Buntbarschen zu Auseinandersetzungen kommen, können beide Fischgruppen unschöne Verletzungen davontragen, die meist für die betroffenen Buntbarsche mit dem Tode enden. Besonders in der Fortpflanzungszeit verteidigen die Buntbarsche ihre Reviere gegen jegliche Eindringlinge. Beeinträchtigen in der Folge die Rochen unentwegt den Revieranspruch der Buntbarsche, ist durch den Pfleger dem Treiben Einhalt zu gebieten, indem die Buntbarsche in ein eigenes Aquarium übergesiedelt werden. In einem großen Aquarium mit reich strukturiertem Lebensraum, sollte es jedoch möglich sein, selbst ein brutpflegendes Buntbarschpaar mit Rochen zu vergesellschaften. Zu den empfehlenswerten Buntbarschen zählen die Smaragdbuntbarsche, *Cichlasoma crassum,* sowie die kleinbleibenden Schmetterlingsbuntbarsche, *Microgeophagus ramirezi.* Selbst die verhältnismäßig heiklen und scheuen Diskusfische, *Symphysodon discus,* können durchaus mit Rochen in einem Aquarium leben.
Seltener kann es vorkommen, daß ein Rochen, ohne

In einem Paludarium können die Rochen ausgezeichnet gepflegt werden.
Foto: H. Gonella

ersichtlichen Grund, seinen Stachel gegen einen größeren vermutlich allzu lästigen „Mitbewohner" einsetzt. In einem solchen Falle bedeutet dies unweigerlich den Tod für den gestochenen Fisch. Ganz zu verzichten sind auf sehr aggressive Fische oder auf Fischarten, die ein ausgeprägtes Revierverhalten besitzen, wie zum Beispiel gewisse Buntbarscharten.

Probleme bei der Rochenpflege

Der Inhalt einiger Kapitel in diesem Buch läßt die Rochenpflege verhältnismäßig einfach erscheinen. Auch können einige Aussagen gewisse Widersprüche erkennen lassen. Doch dazu später mehr. Sicher ist jedoch, daß es für die Pflege von Tieren und insbesondere von Wildfischen keine Patentrezepte gibt.
Je nach dem Erfahrungsstand des Pflegers und den Gegebenheiten im Aquarium, können scheinbar übereinstimmende Voraussetzungen völlig voneinander abweichende Resultate erzielen. Schon oft wurde scheinbar alles richtig gemacht und dennoch traten bei der Pflege von Süßwasser-Stechrochen erhebliche Probleme auf. Allzu schnell wurde dabei die Ursache der Schwierigkeiten dem Leitungswasser zugeschrieben. Allerdings ist die Beschaffenheit des Leitungswassers und seine Eignung für die Rochenpflege schon vor dem Einrichten des Aquariums abzuklären. Ebenso werden Mißerfolge einem von den Pflegebedingungen unabhängigen schlechten Gesundheitszustand der Tiere angelastet. Manchmal trifft dies sogar zu. Doch können für viele Probleme bei der Rochenpflege auch viele kleine, kaum nennenswerte Pflegefehler in Verbindung zueinander, verheerende Auswirkungen haben. Mögliche Fehlerquellen sind erhebliche Schwankungen der Wassergüte, ungünstige Wassertemperaturen und eine unangemessene Einrichtung. Letzteres kann vielfach mit einem fehlenden Platzangebot im Aquarium einhergehen. Ebenfalls können ungeeignete Futtersorten oder all zu einseitige Ernährung zu Problemen führen. Zugleich können ungeeignete Einrichtungsgegenstände winzige Mengen an Schadstoffen freisetzen, die ein bereits geschwächtes Tier erkranken lassen. Das gleiche kann bei schlecht funktionierenden technischen Gerätschaften geschehen. Die Aufzählungen könnten beliebig ergänzt werden. Sofern einzelne Punkte unbeachtet bleiben, werden sie womöglich keinen schädlichen Einfluß nehmen, im Zusammenspiel zueinander können sie jedoch einen Fehlschlag begünstigen.
Um auf mögliche Widersprüche bei der Pflege von Süßwasser-Stechrochen zurückzukommen, tragen zugegebenermaßen voneinander abweichende Aussagen nicht selten zu einer anfänglichen Verunsicherung des Pflegers bei. Es sind noch nicht alle Rätsel bei der Rochenpflege gelöst. Demgegenüber ist die Pflege eines Lebewesens, aber nicht in jedem Fall, eine nur auf festgelegte Kenntnisse beruhende Angelegenheit. Und selbstverständlich können verschiedene Wege zum Erfolg führen.
An einem Beispiel sollen die wohl häufigsten Probleme bei der Rochenpflege aufgezeigt werden. Wohl in den

Aufgrund der außergewöhnlich kräftigen Ausfärbung läßt sich diese Rochenart nur schwer zuordnen. Vermutlich zählt das Tier zur Art P. orbignyi.

überwiegenden Fällen hat der zukünftige Rochenpfleger den Wunsch, einige dieser prachtvollen Tiere sein eigen zu nennen, lange mit sich herum getragen. Endlich ist es soweit und die langersehnten Wunschfische schwimmen im Aquarium umher. Zu Beginn scheint alles in Ordnung zu sein und das etwas apathische Verhalten der Rochen wird den neuen Aquariumverhältnissen zugeschrieben. Doch schon bald, vielfach schon in der ersten Pflegewoche, beginnt sich bei den ersten Tieren die Oberhaut (Epidermis) „abzulösen". Man könnte auch sagen, daß sich die Haut regelrecht aufzulösen beginnt. Die davon betroffenen Tiere zeigen zusehends ein teilnahmsloseres Verhalten. Der Tod der schwer geschädigten Fische läßt nicht lange auf sich warten. Nicht selten vergehen ein bis zwei Tage bis der nächste Rochen stirbt. Und kaum ist die erste Pflegewoche vergangen, stirbt auch das letzte Tier der vormals so stolzen Gruppe. Beim Entfernen der Fischleichen aus dem Aquarium fällt ein unangenehmer, nach Ammoniak riechender Geruch auf. Mehr läßt sich kaum mehr ermitteln. Der Pfleger steht dann meist völlig ratlos und entmutigt vor einem „Trümmerhaufen" seines endlich in Erfüllung gegangenen und so abrupt endenden „Wunschtraums". Solche Erfahrungen schmerzen und ließen schon so manchem verantwortungsbewußten Aquarianer an seinem Handeln immense Zweifel aufkommen. Auch wenn es eher selten vorkommt, daß schon in der ersten Woche, nach dem Erwerb der Rochen, alle Tiere sterben, ist dies aber leider schon vorgekommen. Allerdings darf bei solchen unerfreulichen Ereignissen kaum der Pfleger dafür verantwortlich gemacht werden. Auch bei unvorteilhaften Aquariumverhältnissen ist es beinahe auszuschließen, daß die Rochen in so kurzer Zeit sterben. Vor allem dann, wenn die Sicherheit besteht, alles richtig gemacht zu haben. Mit großer Wahrscheinlichkeit erlagen die Rochen schwerwiegenden Transportfehlern. So gesehen, hätte auch der erfahrenste Pfleger kaum eines der Tiere retten können. Vielleicht ist die Ursache bei ungünstigen Versandbedingungen oder aber bei einer zu lange andauernden, falschen Zwischenhälterung zu suchen. Möglich ist auch eine starke Unterkühlung auf dem Transport oder eine

P. motoro in gesunder und kräftiger Konstitution. Setzen die Rochen zuviel Fett an, sind die Futtergaben etwas zu reduzieren.
Foto: Aqualife Taiwan

schlechte Qualität des Hälterungswassers, die für den plötzlichen und unnötigen Tod der Fische verantwortlich gemacht werden könnten. Was auch immer für das Ableben der Tiere als Erklärung herhalten muß, leider sind es meist eine Reihe von ungewollten Mißgeschicken. Zum Glück verstehen die renomierten Händler ihr „Handwerk", so daß in den letzten Jahrzehnten solche unliebsamen Zwischenfälle immer seltener auftraten.
Unter Umständen können neu in ein Aquarium eingebrachte Rochen überaus nervös reagieren. Seltener beruhigen sich die Fische auch nach einigen Tagen kaum und schießen bei der geringsten Störung wie wild im Aquarium herum. Eine konsequente Futterverweigerung ist dabei ebenfalls zu beobachten. In den ersten zwei bis fünf Tagen muß eine verweigerte Nahrungsaufnahme nicht unbedingt Anlaß zur Sorge geben. Allerdings können sich die schreckhaften Rochen an Einrichtungsgegenständen verletzen, was nicht ungefährliche Infektionen an den herbeigeführten Wunden nach sich ziehen kann. Dies bedingt, daß bis zur Normalisierung der Situation äußerst behutsam auf das Aquarium zugegangen werden muß. Allenfalls ist die Beleuchtungsintensität zu verringern, was sich mitunter beruhigend auf die Rochen auswirken kann. Betreffend der Futterverweigerung kann mit einer möglichst großen Auswahl an Futtertieren die Freßlust der Rochen geweckt werden. Sollten die Rochen nach ein bis zwei Wochen nach Pflegebeginn die Futteraufnahme immer noch verweigern, besteht seitens des Pflegers ausreichend Grund möglichst schnell zu reagieren. Noch zu Beginn der ersten Woche sollten beim Zoofachhändler, der die Tiere verkauft hat, über die gestörte Nahrungsaufnahme Auskünfte eingeholt werden. Vielleicht weiß dieser noch Rat oder kann über ein bevorzugtes Futter Auskunft geben. Ein Versuch, lebende Futtertiere anzubieten, ist ebenfalls vorzusehen.
In vielen Fällen von Futterverweigerung können Darmparasiten den mehr oder weniger langsamen Tod, der davon betroffenen Rochen, herbeiführen. Mitunter können bei toten Rochen enorme Mengen der Parasiten im Darmtrakt gefunden werden. Eine Behandlung mit einem geeigneten Medikament ist durchaus empfehlenswert, auch wenn ein Erfolg auf Heilung nicht unbedingt gegeben ist. Der Grund hierführ liegt nahe, in Unkenntnis der jeweiligen Parasitenart, kann auch eine medikamentöse Behandlung durchaus ins „Blaue" erfolgen.
Ein weiterer Grund für häufige Probleme ist, wenn wie bereits erwähnt, verschiedenartige Rochenarten miteinander vergesellschaftet werden. Obwohl sich die Tiere zu Anfang gut miteinander vertragen, kann es plötzlich zu erheblichen Auseinandersetzungen kommen. Hierfür kann Futterneid oder der „Platzbedarf" fortpflanzungswilliger Männchen verantwortlich sein. Problematisch ist vor allem, wenn Süßwasser-Stechrochen derselben Art, aber von unterschiedlicher Körpergröße, sich miteinander ein Aquarium teilen müssen. Besonders in Heimaquarien empfiehlt es sich möglichst gleichgroße Tiere zu pflegen. Ansonsten verdrängen die größeren die kleineren bei der Nahrungsaufnahme, was sich schlußendlich auf den gesamten sozialen Frieden im Aquarium auswirken kann.
Bisweilen können Süßwasser-Stechrochen überaus empfindlich auf eine langsam schlechter werdende Wassergüte reagieren. Eine häufig auftretende Begleiterscheinung ist, daß die Rochen abnormal schnell atmen.

Ebenfalls kann sich die Haut der Tiere stellenweise, regelrecht ablösen. Leider ist es vielfach nicht möglich, die Ursache für eine Qualitätsverschlechterung des Aquariumwassers zu eruieren. Sicher zeigen sich die Süßwasser-Stechrochen gegenüber allerlei Umweltgiften überaus empfindlich. Auch können Trinkwasserleitungen, die aus Kupfer bestehen, Probleme mit sich bringen. Vor allem, wenn das Leitungswasser längere Zeit in der Rohrleitung der Hausinstallation stehen bleibt, können sich im Wasser für die Rochen ungünstige Mengen an Kupfer ansammeln. Hier kann bereits ein kräftiges Durchspülen der Leitung Abhilfe schaffen, indem der Wasserhahn für etwa eine Viertelstunde laufen gelassen wird. Obwohl für Rochen keine Untersuchungen bezüglich einer Anfälligkeit auf Zink bestehen, könnte auch bei mit Zink beschichteten Wasserleitungen ähnliche Schwierigkeiten auftreten. Auch hier verfährt man wie eben beschrieben, um „Zinkansammlungen" im Wasser rauszuspülen. Mit einiger Wahrscheinlichkeit reagieren die Rochen auch anfällig auf größere Mengen dem Trinkwasser beigesetzten Desinfektionsmitteln, wie Chlor. Ähnlich empfindlich zeigen sich die Rochen gegenüber einem langsamen Anstieg von Nitrit sowie Nitrat. Der von den Fischen noch akzeptable Grenzwert ist nicht einfach festzulegen, trotzdem sollte das Aquariumwasser 50 bis 70 mg/l Nitrat nicht übersteigen. Leider kommt bei Rochen, die aufgrund von sich ablösenden Hautteilen und ein damit einhergehendes schnelles Atmen, das auf eine schwere Erkrankung hinweist, meist jede Hilfe zu spät. Die besten Vorkehrungen gegenüber Vergiftungen sind regelmäßige Wasseranalysen und eine zusätzliche Wasseraufbereitung. Beispielsweise könnte bei Bedarf das Wasser über einen Aktivkohlefilter geleitet werden. Allerdings ist festzuhalten, daß in den meisten Regionen des deutschsprachigen Raums das Trinkwasser von guter Qualität ist und eigentlich keine Qualitätsprobleme seitens schädlicher Wasserinhaltsstoffe zu erwarten sind. Viel eher erhöht sich die Gefahr für die Rochen, bei schlecht funktionierenden Filtersystemen oder bei längst überfälligen Reinigungsterminen. Ebenso kann ein Ausfallen des Filtersystems und der damit einhergehende Sauerstoffabfall für die Rochen den Tod bedeuten. Überdies kann sich auch eine starke Strömung im Aquarium negativ auf die Gesundhaltung auswirken. So kann beispielsweise die Haut ebenfalls durch die Strömungseinwirkung des Filters geschädigt werden.

Entscheidend für eine erfolgreiche Süßwasser-Stechrochenpflege ist und bleibt die Aufmerksamkeit des Pflegers und sein überlegtes und umsichtiges Handeln.

Die häufigsten Krankheitsbilder

Die üblichen Fischkrankheiten treten bei Süßwasser-Stechrochen eher selten auf. Bedingung ist jedoch, daß auf eine ausreichende Aquariumhygiene geachtet wird. Ein gut funktionierendes und regelmäßig gewartetes Filtersystem sowie regelmäßige Teilwasserwechsel bilden die besten Vorkehrungen um allfälligen Krankheiten vorzubeugen.

Obwohl die Ursachen des „Hungertodes" bei Jungrochen wahrscheinlich nicht alleine einer bestimmten Krankheit zuzuschreiben sind, soll an dieser Stelle auf das größte Problem bei der Süßwasserrochenpflege hingewiesen werden. Dieser Abschnitt des vorliegenden Buchs wird all jene Leserinnen und Leser besonders interessieren, die zu kleine Rochen erworben haben. Und obgleich es höchst wünschenswert wäre dem „Hungertod" bei Jungrochen entgegenzuwirken, ist dies zum heutigen Zeitpunkt noch nicht zufriedenstellend möglich. Somit werden die betroffenen Leserinnen und Leser wohl eher enttäuscht sein, daß mangels geeigneter Kenntnisse keine Gegenmaßnahmen ergriffen werden können. Das angesprochene Problem basiert auf einen immer wieder auftretenden, unschönen Umstand. Hin und wieder bietet der Handel 8 bis 12 cm große Jungrochen an. Der meist günstige Preis und die für ein Heimaquarium vermeintliche Idealgröße täuschen unter anderem schnell einmal über die tatsächlichen Pflegeansprüche hinweg. So erstaunt es natürlich nicht, daß die putzigen Wildfische ihre Abnehmer finden. Doch, um es nochmals eingehend zu verdeutlichen, der überwiegende Teil der Jungtiere sind von vornherein zum Tode verurteilt. Die Jungrochen verweigern meist jede Futteraufnahme und verhungern. Oft ist zu beobachten, daß das angebotene Futter überhaupt nicht wahrgenommen wird. Wieder andere Jungrochen spielen zwar eifrig mit dem Futter, ohne es aber aufzufressen. Woran dies liegt, läßt sich nur vermuten. Die Gründe für eine konsequente Futterverweigerung können verschiedene Ursachen haben. Zum einen könnte der Transportstreß dafür verantwortlich sein. Zum anderen bestünde aber auch die Möglichkeit einer besonderen Anpassung der Jungfische an die Nahrungsaufnahme, beziehungsweise an das Nahrungsangebot der Vorkommensgebiete. Wie auch immer- auf den Erwerb zu kleiner Süßwasserrochen sollte unbedingt verzichtet werden - zumindest solange, bis die Gründe für das Jungrochensterben umfangreich bekannt sind und dann vielleicht eine Pflege der Tiere in greifbare Nähe rückt.

Die günstigsten Voraussetzungen um allfäligen Krankheitsproblemen bei der Süßwasserrochenpflege zu ver-

Für den Aufbau einer neuen Zuchtgruppe pflegen die Verantwortlichen im Exotarium in Frankfurt hinter den Kulissen eine Dreiergruppe „Pfauenaugen-Stechrochen", P. motoro. Diese Tiere sollen zukünftig den bestehenden Zuchterfolg des Zoos sicherstellen. Die beiden Weibchen auf dem Bild besitzen bereits einen Körperdurchmesser von ca. 80 cm. Das kleinere Männchen ist nicht zu sehen, da es sich im Sand „versteckt" hält.
Foto: H. Gonella

meiden, beginnt mit dem Erwerb von gesunden und kräftigen Tieren. Die Süßwasserrochen sollten, ohne den Schwanz mitgerechnet, bereits eine Körperlänge von 15 bis 20 cm aufweisen. Ab dieser Größe nehmen sie in der Regel das angebotene Futter bereitwillig an und die Gefahr der Futterverweigerung reduziert sich auf ein Minimum. Süßwasserrochen, die Probleme mit der Futteraufnahme haben, sind leicht zu erkennen. Untrügerische Anzeichen eines nahen „Hungertodes" sind eingefallene, dellenartige Stellen an der Körperoberseite. Solche eingefallenen Körperpartien befinden sich bei kranken Tieren zwischen und hinter den Augen sowie oberhalb der Schwanzwurzel am Ende des Rochenkörpers. In diesem Stadium sind die Süßwasserrochen bereits so stark geschwächt, daß sie nicht mehr gerettet werden können. Auch bei anscheinend gesunden Tieren läßt man sich vorzugsweise die Futteraufnahme vom Händler demonstrieren. Erst dann kann man sicher sein, daß die Rochen das Futter auch bereitwillig annehmen. Zudem ist bei erkrankten Tieren ein

***rechts:** Im Exotarium des Frankfurter Zoos vermehren sich die „Pfauenaugen-Stechrochen",* P. motoro *im „Landschafts-Schauaquarium". Hier ein Blick aus dem Inneren der Anlage.*
Foto: H. Gonella

Beim Kauf von Süßwasser-Stechrochen ist darauf zu achten, daß die Fische gut genährt sind und keine Verletzungen aufweisen.

schnelles „pumpen" der Kiemen, das zwischen den Kiemenspalten hindurch zu beobachten ist, ein weiteres Indiz für eine mögliche Gesundheitsschwäche.
Auch wenn gesunde Tiere erworben wurden, können hin und wieder durch den Transportstreß oder durch die Umstellung auf die neuen Aquariumverhältnisse verursachte Infektionen auftreten. Wobei auch allfällige Transportverletzungen eine Infektionskrankheit begünstigen können. Dabei handelt es sich am häufigsten um bakterielle Infektionen. Desöfteren konnten schon bei

Süßwasserrochen gerötete Hautstellen unterhalb der Brustflossensäume, als erste Anzeichen einer Infektion, beobachtet werden. Sofern die Hautrötungen mit der Zeit nicht wieder abklingen, schreitet die Entzündung fort und die roten Hautflecken nehmen in der Folge ein unter der Haut liegendes blutunterlaufenes, andersartiges Aussehen an. Im fortgeschrittenen Stadium rollen sich die Brustflossensäume nach oben gerichtet auf, was wiederum den Fortbewegungsablauf stark beeinträchtigt. Mit ziemlicher Wahrscheinlichkeit handelt es sich bei diesem Krankheitsbild um eine bakterielle Infektion. Jedenfalls erzielt die Behandlung mit einem Antibiotikum (zum Beispiel mit dem Medikament Chloramphenicol) einen beachtlichen Heilungserfolg.

Gelegentlich treten bei Süßwasserrochen auch Darmparasiten auf, die sich durch eine zunehmende Trägheit, verbunden mit einer Freßunlust bemerkbar machen. Vielfach ist dann der Kot weiß und schleimig. Hierfür können Fadenwürmer verantwortlich gemacht werden. Unbehandelt kann der Wurmbefall den Verdauungstrakt stark schädigen. Eine Behandlung mit einem geeigneten Medikament verspricht jedoch gute Heilungserfolge.

Etwas häufiger können Pilzinfektionen auftreten. Ein Pilzbefall tritt häufig infolge einer Verletzung der Hautoberfläche auf. Pilzinfektionen erkennt man anhand weißlicher, flächiger Beläge oder weißen fadenartigen Gebilden. Die Behandlung mit einem handelsüblichen Medikament gegen Pilzbefall birgt normalerweise keine großen Probleme in sich, allerdings ist nach den Ursachen der Pilzinfektion Ausschau zu halten. Da Pilzkrankheiten meist einer Verletzung, respektive einer bakteriellen Infektion zugrunde liegen, ist mit der Behandlung zugleich die Ursache für den Pilzbefall zu bekämpfen.

Weitere in der Aquaristik häufig auftretende Krankheiten, wie Haut- oder Kiemenwürmer sowie die bekannte Weißpünktchenkrankheit, *Ichthyophthirius multifiliis,* sind bei Süßwasserrochen praktisch nie zu beobachten. Doch will das nicht heißen, daß die Hautoberfläche der Süßwasser-Stechrochen nicht allerlei Parasiten zur Besiedlung dienen kann. So wurden mehrfach sogenannte ektoparasitische Turbellarien an Meeres-Rochen festgestellt. Solche Strudelwürmer, wie zum Beispiel *Micropharynx parasitica,* vermögen jedoch die befallenen Rochen nicht ernsthaft zu schädigen. Ebenfalls ist ein Befall meist nicht von Dauer. Ein ähnlicher parasitärer Befall, wie bei Meeresrochen, ist bei Süßwasser-Stechrochen auch vorstellbar und dürfte als harmlos eingestuft werden. Zur Vertiefung der sehr interessanten Themenkreise der Fischkrankheiten empfiehlt es sich ein entsprechendes Fachbuch zu erwerben, wie zu anderen angerissenen Themen auch.

Übrigens: Bei Süßwasserrochen sollten, wenn immer möglich keine kupferhaltigen Medikamente zur Anwendung kommen. Gegenüber „Kupfer" reagieren die Süßwasserrochen sehr empfindlich. Zu hohe Dosen können die Rochen stark schädigen. Selbst die altbewährten Medikamente wie Malachitgrün oder Metylenblau dürfen, wenn überhaupt, nur in sehr kleinen Dosen verabreicht werden. Allerdings bleibt dann ihre Wirksamkeit infrage gestellt.

DIE ZUCHT VON SÜDAMERIKANISCHEN SÜSSWASSER-STECHROCHEN

Verläßliche Zuchtangaben über Süßwasser-Stechrochen sind nicht bekannt. Mit großer Wahrscheinlichkeit gelangen bis zum heutigen Zeitpunkt keine regelmäßigen Nachzuchten in Heimaquarien. Lediglich einigen Zoologische Gärten war das „Züchterglück" hold gewesen. Darunter der Zoologische Garten von Frankfurt, in dessen Exotarium mehrere Jungtiere der Art *P. motoro* geboren wurden. Trotzdem ist es nicht auszuschließen, daß Süßwasser-Stechrochen in Heimaquarien Nachwuchs erhalten. Schon manche Aquariumfische galten als „unzüchtbar" und zählen heute zu den regelmäßig nachgezüchteten Arten. Vorwiegend war es überaus enthusiastischen Aquarianern zuzuschreiben, die sich solange mit ihren Pfleglingen auseinandersetzten, bis das unerwartete eintraf und eine Nachzucht möglich wurde - man denke nur einmal an die für lange Zeit undenkbar geltende Nachzucht von Roten-Neons, *Cheirodon axelrodi.*

Nachfolgende Ausführungen geben leider keine ausführlichen Zuchtanleitungen wieder - allerdings können einige der beachtenswerten Punkte, Hilfestellung für einen Zuchtversuch leisten. Die Chancen für Zuchtversuche in Heimaquarien stehen durchaus gut, zumal Paarungsansätze mehrfach beobachtet werden konnten. Siehe hierzu auch den Abschnitt: „Pflege und Zucht im Zoo".

Vermutlich erlangen manche Süßwasser-Stechrochenarten ihre Geschlechtsreife erst nach fünf oder mehr Jahren. Dafür erreichen sie aber sicher ein Alter von 15 bis 25 Jahren. Vielleicht werden sie auch noch älter. Hingegen ist die Anzahl des zu erwartenden Nachwuchses wiederum sehr gering. Pro „Wurf" kann gerade mit nur zwei bis zwölf Jungtieren gerechnet werden. Bei den Pfauenaugen-Stechrochen, *P. motoro,* weiß man übrigens, daß die Geschlechtsreife schon nach etwa zwei Jahren eintritt.

Die Zuchtvoraussetzungen

Um einen Züchtungserfolg überhaupt in Betracht ziehen zu können, ist ein ausreichend großes Aquarium Bedingung. Erst ein Aquarium ab etwa 2000 l Wasserinhalt hat voraussichtlich die benötigte Mindestgröße. Desweiteren besitzen die Pflegebedingungen einen ausschlaggebenden Einfluß. Das heißt, es ist allen „Pflegebedürfnissen" der Tiere gleichermaßen Beachtung zu schenken. Und letztlich entscheidet die kontinuierliche Beibehaltung der Pflegeabläufe über einen Züchtungserfolg. Darüber hinaus hat ein gleichbleibendes Aquariummilieu eine viel größere Tragweite, als man anneh-

Unteransicht eines Weibchens. Den Weibchen fehlen die Flossenfortsätze, an den neben der Schwanzbasis liegenden Bauchflossen. Foto: H. Gonella

men könnte. So können, neben einer wenig artentsprechenden Wasserqualität, vor allem aber Schwankungen bei den Wasserwerten für einen ausbleibenden Nachwuchs verantwortlich gemacht werden. Zudem ist es sicher vorteilhaft, bei einem Züchtungsversuch auf die Vergesellschaftung der Rochen mit anderen Aquariumfischen zu verzichten. Zu leicht bestünde die Gefahr, daß daraus der Lebensrythmus der Rochen Störungen unterliegen könnte.

Für die Zusammenstellung der Zuchttiere sollten die Süßwasser-Stechrochen bereits eine gewisse Größe aufweisen. Ob ein Paar „harmoniert" wird erst ab einer Körpergröße von etwa 20 bis 40 cm ersichtlich. Manchmal greifen die Männchen die Weibchen aus unersichtlichen Gründen an.

Der Geschlechtsunterschied in Form der Flossenfortsätze („Klasper"), als Begattungsorgan der Männchen ist bereits bei nahezu vollentwickelten Embryonen erkennbar. Den Weibchen fehlen die, neben den auf der Innenseite der Bauchflossen liegenden Penissen ähnlichen Flossenfortsätze. Damit nicht unnötige Komplikationen zwischen den Geschlechtern entstehen, wäre es von Vorteil, jeweils nur ein Männchen mit einem oder mehreren Weibchen zusammen zu pflegen. Somit können mögliche Rivalenkämpfe vermieden werden.

Das Zuchtwasser

Wie bereits angesprochen, ist dem Aquariumwasser für einen Züchtungsversuch höchste Aufmerksamkeit zu schenken. Mit Sicherheit zählen die Süßwasser-Stechrochen zu jenen Aquariumfischen, die für eine Fortpflanzung ganz bestimmte Wasserwerte benötigen. Dies zeigt schon ihre Anfälligkeit gegenüber Qualitätsschwankungen des Aquariumwassers. Da die Süßwasser-Stechrochenarten allesamt aus Gewässersystemen mit sehr weichem Wasser entstammen, sollten die Wasserwerte möglichst mit jenen aus den Vorkommensgebieten übereinstimmen. Solange die Rochen, ohne die Absicht sie weiterzuzüchten, im Aquarium gepflegt werden, dürfen die Wasserwerte auch unwesentlich höher sein. Zur Zucht sind jedoch Wasserwerte mit einem pH-Wert von bis zu 6,5 und einer Gesamthärte von nicht über 5 °dGH unerläßlich. Daneben ist auch die Höhe der Karbonathärte nicht zu vernachlässigen. Eine Karbonathärte von 1 bis 5 °dKH entspricht in etwa den Gegebenheiten in den Heimatgewässern der Süßwasser-Stechrochen. Meist muß wohl das Aquariumwasser aufbereitet werden. Siehe dazu auch die vorangegangenen Anmerkungen. Weiterhin gilt es zu bemerken, daß das Leitungswasser mitunter recht unterschiedliche Werte aufweisen kann. Für den „Normalverbraucher" sind diese Unterschiede unbedeutend. Für ein gutes Zuchtwasser beeinflussen die Schwankungen, wie zum Beispiel bei den Härtegraden, zusammen mit den ebenfalls im Aquariumwasser auftretenden Schwankungen, bereits die tolerierbare Spanne. Somit müssen die Wasserwerte, selbst bei einem Teilwasserwechsel stets kontrolliert werden. Selbstverständlich darf auch kein Chlor oder ein anderes dem Leitungswasser beigemischtes Desinfektionsmittel die Wasserqualität beeinträchtigen. Dasselbe gilt für alle Medikamentenrückstände zur Behandlung von Fischkrankheiten. Gegebenenfalls ist das Zuchtwasser über einen Aktivkohlefilter zu filtrieren.

Bei diesem Pfauenaug-Stechrochenmännchen, P. motoro, *sind die als Begattungsorgan vorgesehenen Flossenfortsätze links und rechts neben der Schwanzbasis gut zu erkennen.*
Foto: H. Gonella

Und zu guter Letzt soll nochmals auf die Bedeutung der Wasserhygiene hingewiesen werden. Eine maßvolle Fütterung, eine gute Filterung des Aquariumwassers und die regelmäßig durchzuführenden Teilwasserwechsel bleiben Bedingung für einen Züchtungsversuch. Um sich Gewißheit zu verschafffen, kann eine gelegentliche Nitritmessung Auskunft darüber geben, ob das Aquariumwasser noch „sauber" genug ist.

Das Fortpflanzungsverhalten

Über das sicher umfangreiche Paarungsverhalten der Süßwasser-Stechrochen fehlen, wie auch in anderen Bereichen, umfangreiche und gesicherte Erkenntnisse. Gewisse Abläufe geben jedoch Aufschluß über den möglichen Paarungsverlauf.

Einmal von den hin und wieder auftretenden Raufereien zwischen den Tieren abgesehen, könnte ein heftiges „Spiel" zwischen den Geschlechtern als „Paarungstanz" bezeichnet werden. Die paarungswilligen Tiere schwimmen vermehrt nebeneinander oder übereinander durchs Aquarium. Dabei ist zu beobachten, daß sie sich häufiger hinten, neben der Schwanzwurzel packen und versuchen den Partner festzuhalten. Die Aktivitäten gehen vorwiegend vom Männchen aus. Manchmal wird das Weibchen durch das „Umwerben" des Männchens, auch erheblich an den Flossenrändern verletzt.

Bei diesem Rochenmännchen sind die typischen Geschlechtsmerkmale deutlich zu sehen. Dieser Rochen ist bereits fünf Jahre alt und besitzt einen Körperdurchmesser von gut 35 cm. Nach der Geburt der Jungfische wurde das Weibchen mit diesen in ein anderes Aquarium übersiedelt, da das Männchen dem Weibchen ständig nachstellte.
Foto: Bernd Degen

oben: Im Frankfurter Exotarium werden die Jungrochen, P. motoro, mit einem Körperdurchmesser von über 20 cm aus dem Schauaquarium in ein „Übergangsaquarium„ umgesiedelt. Darin werden sie einige Zeit beobachtet um sicher zu sein, daß sie die Überführung in einen anderen Zoologischen Garten gesundheitlich gut überstehen. In diesem Stadium sind die Jungrochen sehr empfindlich gegenüber Schwankungen der Wassergüte. Für die Beibehaltung einer gleichbleibenden Wasserqualität wird mittels eines Stehtslaufes, kontinuierlich „Frischwasser" ins Aquarium eingeleitet.
Foto: H. Gonella

Mit zunehmender Paarungsbereitschaft des Weibchens geht es auf das stetige Rundherumschwimmen und Zupfen des Männchens ein, indem es das Männchen näher an sich herankommen läßt. Schließlich gelingt es dem Männchen seitlich unter das Weibchen zu schwimmen und sie anzuheben. Bauch an Bauch liegend, führt nun das Männchen eines seiner Begattungsorgane, sprich Flossenfortsätze, in die weibliche Geschlechtsöffnung ein. Das zweite zur Verfügung stehende Begattungsorgan dient sozusagen als Reserve. Mit den als Begattungsorgan umgebildeten Flossenfortsätzen können die Spermien ohne große Verluste in den weiblichen Körper gelangen. Die Paarung, Bauch an Bauch liegend, kann 20 bis 30 Minuten, vielleicht auch mehrere Stunden andauern. Genaue Aquariumbeobachtungen fehlen, da sich die Fische vermutlich mit Vorliebe in der Dunkelheit paaren. Die lang andauernde, innere Befruchtung gewährleistet eine auf Anhieb erfolgreiche Paarung.

Über die genaue Entwicklungszeit der Embryos scheint nichts Genaues bekannt, doch dürfte zwischen der Paarung und der „Geburt" der Jungrochen eine verhältnismäßig lange Zeit vergehen. Im Vergleich zu anderen Knorpelfischen kann die „Tragzeit" also, gut und gerne, knapp ein Jahr oder vielleicht mehr betragen. Im Mutterleib entwickeln sich in dieser Zeit die Eier bis zu schwimmfähigen und vollausgebildeten Jungtieren. Aufgrund der vergleichsweise hohen Nachwuchsrate der Pfauenaugen-Stechrochen, *P. motoro,* wäre es auch möglich, daß die Entwicklungszeit um einiges kürzer ist oder Jungtiere vielleicht in unterschiedlichen Entwicklungsstadien heranwachsen. Von anderen Rochenarten weiß man, daß die Jungtiere bei der Geburt rückwärts mit über dem Körper liegendem Schwanz aus dem Mutterleib heraustreten, damit das Weibchen durch den noch weichen aber schon vorhandenen Stachel nicht verletzt wird.

Über die Typen der Süßwasser-Stechrochen-Embryonalentwicklung bestehen selbst heute noch ebenso widersprüchliche Meldungen in der Fachliteratur, wie vergleichsweise wenig über die natürliche Fortpflanzungsbiologie im Allgemeinen bekannt ist. Soweit so gut: Die Wissenschaft unterscheidet jedoch zwischen viviparen und ovoviviparen (lebendgebärenden) sowie oviparen (eierlegenden) Elasmobranchiern. Dies wegen der unterschiedlichen Embryonalentwicklung, wobei ovovivipar und ovipar sich sehr ähneln. Die südamerikanischen Süßwasser-Stechrochen besitzen eine ovovivipare Embryonalentwicklung und sind lebendgebärend. Alle ovoviviparen Elasmobranchierarten umschließen jeden Embryo mit einem dünnen Eihäutchen, das einer Membrane gleich kommt. Die Embryos dieser Arten zehren lediglich von ihren relativ großen Dottervorräten. Noch bevor die Jungen den Mutterleib verlassen, schlüpfen sie aus der Eimembran.

Die Weibchen verschiedener Elasmobranchier sind in der Lage, über mehr oder weniger lange Zeit, von mehreren Wochen oder Monaten, das Sperma der Männchen zu speichern, so daß sie während dieser Zeit wiederholt befruchtete Eier ablegen können. Inwieweit dies auch bei Potamotrygoniden zutrifft, ist nicht bekannt. Auch

Daß Jungrochen eine aufmerksame Pflege benötigen wird auch beim Importeur (Aquarium Glaser) ersichtlich. Die an die Aquariumfrontscheibe gehefteten Formulare geben Auskunft über die Intervalle der Pflegemaßnahmen oder der leider manchmal notwendigen Beigabe von Medikamenten.
Foto: H. Gonella

Blick in eines der Aquarien beim Importeur (Aquarium Glaser). Über eine längere Zeit bleiben die Rochen unter Beobachtung. Damit wird gewährleistet, daß ein Weitertransport ohne Bedenken erfolgen kann. Dieses etwas untypisch gemusterte Tier gehört sehr wahrscheinlich zur Verwandtschaft von P. henlei.
Foto: H. Gonella

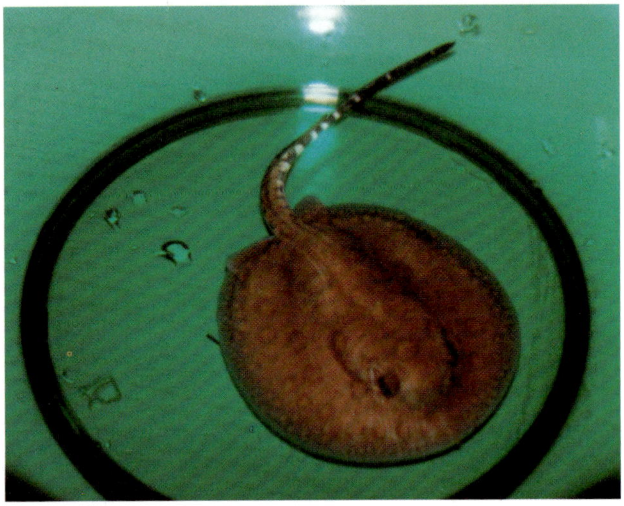

Noch am Tag der Geburt fing Herr Lange die beiden Jungrochen aus dem großen Aquarium heraus. Ein dritter Jungrochen konnte nur tot aus dem Aquarium entfernt werden.
Foto: Matthias Lange

ist nicht eindeutig geklärt, ob sich einzelne Arten miteinander verpaaren können. Nach einem Bericht zufolge haben sich nach einer Umsiedlung in ein 1000-Liter-Aquarium ein männlicher *P. motoro* (30 cm Körperdurchmesser) und ein weiblicher *P. orbignyi* (60 cm Körperdurchmesser) verpaart und einen lebenden Nachkommen hervorgebracht.
Sind die Jungrochen geboren, sind diese in ein kleineres Aquarium überzusiedeln. Dies wirkt sich bei der anschließenden Aufzucht, insbesondere bei der Fütterung günstig aus. Das Aufzuchtaquarium soll unbedingt dieselben Wasserwerte wie das „Zuchtaquarium" aufweisen, ansonsten nehmen die Jungrochen Schaden. Eine Umsiedlung in ein anderes Aquarium vermeidet zudem, daß sich allenfalls größere im Aquarium befindliche Fische an den kleinen Rochen vergreifen können. Ebenso bestehen, mit der Ausnahme von den Pfauenaugen-Stechrochen, *P. motoro,* keine gesicherten Angaben darüber, wie sich die Elterntiere der verschiedenen Süßwasser-Stechrochenarten gegenüber ihren Jungen unter Aquariumverhältnissen verhalten. Einer Beobachtung in einem Heimaquarium zufolge, hat das Männchen seine Nachkommen attackiert. In sehr großen Aquarien ab 4000 l Wasserinhalt sollten wahrscheinlich keine Probleme entstehen, wenn die Jungfische im selben Aquarium, wie die Eltern belassen werden. Zumindest verkleinert dies allfällige, unliebsame Zwischenfälle bei einer frühzeitigen Umsiedelung, die auf mögliche Schwankungen in der Wasserqualität beruhen können. Eine Brutpflege der Elterntiere findet nicht statt.
Dies erinnert jedoch an eine amüsante Anekdote. Am 15.1.1983 meldete die Hannoversche Allgemeine Zeitung die Sensation einer Pfauenaugen-Stechrochengeburt. In einem Händleraquarium wurden zwei dem Muttertier äußerst ähnlich sehende „Jungtiere", die sich an ihrer Körperunterseite festgesaugt hatten, entdeckt. Zugleich wurde vermutet, daß sich die Jungtiere, vergleichbar mit Diskusfischen, von einem Hautsekret ernährten. Allerdings handelte es sich bei den angeblichen „Jungtieren" nicht um Jungrochen, sondern um zwei tropische Karpfenläuse, die als Parasiten festgesaugt, und durch ihre Körperfärbung gut getarnt, auf dem Rochenkörper schmarotzten.

Die Aufzucht junger Süßwasser-Stechrochen

Entsprechend der fehlenden Erfahrungen bei der Zucht fehlen auch die notwendigen Erkenntnisse in der Aufzucht von Jungtieren. Und schlußendlich käme ein umfangreicheres Wissen auch der Aufzucht von jungen Wildfängen zugute. Trotz der allgemein bekannten Schwierigkeiten könnten folgende Hinweise eine erfolg-

Möglicherweise handelt es sich bei diesem Rochen um einen Potamotrygon constellata, *obwohl die Körperzeichnung beinahe auf* P. castexi *hinweist.*
Foto: Aqualife Taiwan

reiche Aufzucht von Jungtieren dennoch möglich machen. Den meisten Beobachtungen zufolge haben junge Süßwasser-Stechrochen erhebliche Mühe, das ihnen angebotene Futter zu „akzeptieren". Einerseits mag dies daran liegen, daß über die Nahrungsaufnahme von Jungtieren in der Natur so gut wie nichts bekannt ist. Deshalb besteht durchaus die Möglichkeit, daß die häufig auftretende Freßunlust mit einem falschen Futterangebot in Verbindung gebracht werden kann. Andererseits scheinen die Jungtiere erhebliche Mühe zu haben, die angebotenen Futterstückchen ins Maul aufnehmen zu können. Ebenfalls zeigen sie bei weitem nicht die Bereitschaft zu jeder Tageszeit das ihnen angebotene Futter gleichermaßen aufzunehmen. Während der Abenddämmerung sind auch die Jungrochen am aktivsten. Vorzugsweise sollte auch dann die Fütterung erfolgen. Sobald festgestellt wird, daß die Jungrochen zufriedenstellend fressen, lohnt es sich zudem, die Futtergaben zu intensivieren, was sich überaus günstig auf ihr Wachstum auswirkt. Zum Beispiel kann neben der Abendfütterung eine weitere Fütterung am Morgen die allgemeine Freßlust steigern.

Doch nun zurück zum eigentlichen Fütterungsproblem. Beobachtet man die Jungrochen bei ihren Versuchen zu fressen, fällt auf, daß sie auf ein Futterstück zuschwimmen und sich, wie zu erwarten, auf dieses hinuntergleiten lassen. Nun versuchen sie das Futterstück ins Maul aufzunehmen, indem sie in den Sand hineinblasen, um das so aufgewirbelte Futterstück erfassen zu können. Hierbei wird bei manchen Jungtieren das wahrscheinliche Problem bei der Nahrungsaufnahme

Fütterung der Pfauenaug-Stechrochen, P. motoro, *im „Landschafts-Schauaquarium" des Exotariums im Frankfurter Zoologischen Garten.*
Foto: H. Gonella

ersichtlich. Zum einen driften sie beim „Ansaugen" des Wassers, beziehungsweise des Futterstückchens seitlich weg und verfehlen somit das Futter. Zum anderen ist zu beobachten, wie die Jungrochen gleichzeitig mit dem „Ansaugen" des Wassers einen nach hinten offenen Buckel machen. Wird nun bei einem Futterstück Wasser in den Sand geblasen, treibt die so erzeugte Strömung das Futterstück sozusagen wie durch einen Tunnel nach hinten, wo es für den Jungrochen unerreichbar ist. Dies alles läßt die Vermutungen zu, daß die Jungrochen auf angeborene, festgelegte Art und Weise fressen oder die für erwachsene Tiere typische Nahrungsaufnahme erst noch im Laufe ihres Wachstums perfektionieren müssen. Oder anders formuliert, die Jungtiere müssen im Aquarium erst noch die richtige Technik der Futteraufnahme erlernen. Diesem Umstand Rech-

Ansicht des eine Woche alten Jungrochens von unten.
Foto: Matthias Lange

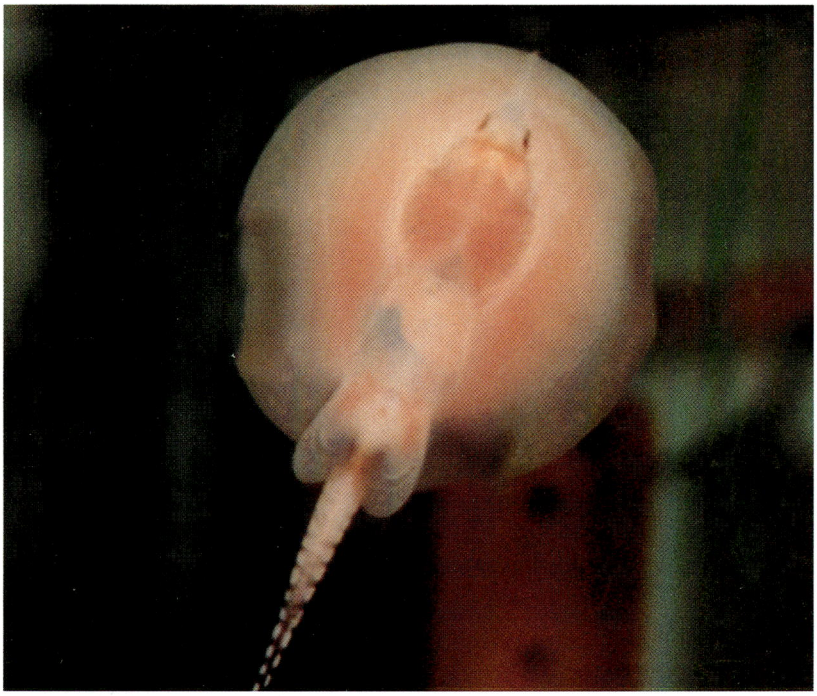

nung tragend, kann eine bereits erprobte Fütterungsmethode Abhilfe schaffen, die gewissermaßen die „Trefferquote" beim Fressen erhöht. Allerdings ist dies mit viel Arbeit verbunden - ein Aufwand der sich jedoch lohnen kann, wenn dafür die Jungrochen überleben. Im sprichwörtlichen Sinne wird dafür den Jungrochen ein regelrechter „Futterteppich" angeboten. Das fein gehackte Futter, bestehend aus Fischfleisch oder aber lebende oder tiefgefrorene rote Mückenlarven werden in solch großen Mengen ins Aquarium eingebracht, daß die Tiere sozusagen im Futter schwimmen. Somit wird es den Jungrochen möglich gemacht, trotz ihrer Schwierigkeiten bei der Futteraufnahme, eine ausreichende Nahrungsmenge aufzunehmen. Sobald die Jungtiere das Fressen eingestellt haben, sind die Futterreste zu entfernen. Mittels eines Mulmabsaugers ist dies leicht zu bewerkstelligen. Zugleich wird ein Teilwasserwechsel durchgeführt, was allfällige Schwankungen in der Wassergüte, durch die ohnehin übermäßige Belastung der Fütterungsmethode und des kleineren Wasservolumens des Aufzuchtaquariums, zu vermeiden hilft. Aus Gründen der Reinhaltung des Bodengrunds sollte dieser eine Stärke von nur gerade 2cm aufweisen. Gegebenenfalls darf der Bodengrund auch nur 1 cm Schichtstärke besitzen. Besonders wenn Lebendfutter verfüttert wird, erlaubt die niedrigere Schichtstärke eine bessere Futteraufnahme für die Jungrochen, da sich die Roten Mückenlarven sehr schnell in unerreichbare Tiefen eingraben. Ein Verzicht auf den Bodengrund, wie es bei Fischzüchtern aus hygienischen Gründen gerne praktiziert wird, ist auf die Dauer nicht zu empfehlen. Schließlich sollen die Jungrochen die ihnen angestammte Freßweise auch richtig „erlernen" können. Die eben geschilderten Beobachtungen im Aquarium und Empfehlungen einer Jungrochenfütterung könnten mit den Beobachtungen aus der Natur übereinstimmen. Mit ziemlicher Sicherheit decken die Jungrochen ihren Nahrungsbedarf ausschließlich in sehr nahrungsreichen Ufergebieten. Wahrscheinlich finden sich im Sand und Mulm der südamerikanischen Flüsse stellenweise gewaltige Ansammlungen von Kleinstlebewesen, wie beispielsweise Würmer und Insektenlarven, die als Nahrungsdepots für das Gedeihen der Jungrochen verantwortlich sind. Zumindest würde dies, die im Jungendstadium vorherrschenden Schwierigkeiten bei der Futteraufnahme einzelner größerer Futterstücke erklären.

Pflege und Zucht im Zoo

Die Erfahrungen zur Pflege und Zucht von Süßwasser-Stechrochen können je nach den Bedingungen von Heimaquarien oder Zooaquarien sehr unterschiedlich ausfallen. Viele der Aussagen in diesem Buch basieren aus dem Erfahrungsschatz privater „Rochenliebhaber". Selbstverständlich ist dieses Wissen sehr wertvoll, in mancher Hinsicht ist es jedoch kaum mit den Erfahrungen aus einem Zooaquarium gleichwertig zu verwenden. Und ebenso besitzen manche Empfehlungen zur Rochenpflege beinahe abenteuerliche Gestalten, die mit den Grundsätzen eines wissenschaftlich geführten Zoo nur beschränkt in Einklang gebracht werden können. Ähnlich verhält es sich bei gewissen, gegensätzlichen Aussagen, die den unterschiedlichsten und oft anfechtbaren Beobachtungen zugrundeliegen. Trotzdem sind auch solche ungesicherte Erfahrungen sehr wertvoll und können für mögliche Problemlösungen herangezogen werden. Gerade um die privat gewonnenen Erkenntnisse von

der Arbeit zoologischer Gärten klar voneinander abzugrenzen, ist es sehr sinnvoll, einige der Zoobeobachtungen getrennt zu behandeln. Aus den eben genannten Gründen und weil die Möglichkeiten bei Heimaquarien meist begrenzt scheinen, ist es deshalb sicher nützlich, hierfür ein eigenes Kapitel vorzusehen.
Am Beispiel des Exotariums des Zoologischen Gartens der Stadt Frankfurt wird deutlich, daß eine artgerechte Süßwasser-Stechrochenpflege durchaus zu realisieren ist. Sicher können diese Erkenntnisse mithelfen, auch die Pflegevoraussetzungen in Heimaquarien weiterzuentwickeln und zu vervollkommnen.
In einem Uferaquarium mit 26.000 l Wasserinhalt werden im Frankfurter Exotarium zwei weibliche und ein männlicher Pfauenaugen-Stechrochen, *P. motoro,* zusammen mit einigen Buntbarschen, Scheibensalmlern und schwarzen Gabelbärten gepflegt. Hinzu kommen noch einige Harnischwelse und zwei südamerikanische Lungenfische. Sogar in diesem als Tiergemeinschaft angelegten Uferaquarium, mit Schildkröten und über dem Wasser umherfliegenden Vögeln, ist eine regelmäßige und ungestörte Fortpflanzung der Rochen gewährleistet. Die Wasserqualität und -temperatur sind selbstverständlich genau auf die Bedürfnisse der Tiere abgestimmt. Das Aquariumwasser wird, nachdem es einen mit Filterwatte und Kies versehenen Filter durchsickert, biologisch gereinigt. Anschließend gelangt es in eine riesige Zisterne, in der es sich sozusagen „beruhigen" kann und zusätzlich von wasserreinigenden Mikroorganismen geklärt wird. So fachgerecht aufbereitet, beziehungsweise gefiltert, gelangt das Wasser zurück in das Aquarium.

Die Süßwasser-Stechrochen gelten auch in Zoologischen Gärten als sehr heikle Pfleglinge. Nicht selten verweigern sie jegliche Nahrungsaufnahme. Im Jahre 1985 begann im Exotarium Frankfurt sozusagen der Weg zur erfolgreichen Rochenpflege. Mit einem sieben Jahre alten Pfauenaugen-Stechrochen konnten die ersten Erfahrungen gesammelt werden. Anfang 1987 kamen vier weitere sehr junge Tiere hinzu.
Pfauenaugen-Stechrochen gelten im Allgemeinen als sehr unverträgliche Tiere. Besonders die Männchen können untereinander, ja selbst gegen die Weibchen, ein recht aggressives Gebahren an den Tag legen. So kann es vorkommen, daß die Weibchen bis zur völligen Erschöpfung gejagt werden und durch die Bisse der Männchen an den Flossensäumen sehr unschön anzuschauende Quetschwunden davontragen. Im schlimmsten Falle ist es auch möglich, daß ein Männchen ein Weibchen totbeißen kann. Bei Anzeichen übermäßiger Attacken ist es deshalb ratsam, den Aggressor aus dem Aquarium zu entfernen.
Im Exotarium hatte man Glück und eines der Männchen zeigte ein überaus friedliches Verhalten. Auch wurden die Weibchen vom Männchen weder gebissen noch sonstwie verfolgt, was offensichtlich eine erfolgreiche Paarung begünstigte. Der erste Jungrochen wurde Ende Dezember 1988 geboren. Das knapp 15 cm große Jungtier wurde von den Eltern nicht behelligt. Desöfteren machte jedoch das Weibchen den Anschein sich über sein Junges zu legen, um aber sobald es zu zappeln begann von ihm erneut Abstand zu nehmen. In der ersten Zeit ernährte sich das Jungtier vermutlich aus einem noch ansatzweise vorhandenen Dottervorrat. Die Jungtiere

Wahrscheinlich handelt es sich hier um eine noch unbekannte Süßwasser-Stechrochenart.
Foto: Aqualife Taiwan

Die Körperzeichnung dieses Süßwasser-Stechrochens deutet auf einen Potamotrygon castexi *hin.*
Foto: Aqualife Taiwan

Dieser interessant gefärbte Rochen läßt sich kaum zuordnen. Es könnte sich um eine unbekannte Potamotrygon-*Art handeln.*
Foto: Aqualife Taiwan

besitzen jedoch keinen Dottersack, weil ovovivipar entwickelt, wie man dies von den Larven der meisten Knochenfischarten her kennt. Schon nach wenigen Tagen begann es dieselbe Nahrung wie die erwachsenen Tiere anzunehmen. Von nun an erhielt die Zuchtgruppe von einem Männchen und zwei Weibchen laufend Nachwuchs. 1991 waren es bereits 42 Jungrochen. Pro Wurf konnten zwei bis sieben Jungtiere verzeichnet werden. Der Scheibendurchmesser der Jungtiere variierte dabei zwischen etwa 12 bis 17 cm, je nach Anzahl Jungtiere und zunehmender Größe der weiblichen Tiere. Während des Heranwachsens war zu beobachten, daß jedes Tier eine individuelle Fleckenzeichnung besaß, die zeitlebens unverändert bleibt. So ließen sich die Rochen gut voneinander unterscheiden. Weiterhin fiel auf, daß die Jungrochen ein überaus scheues Verhalten zeigen, aber trotzdem bei der Fütterung gegenüber den anderen Fischen

an genügend Nahrung herankommen, um so schnell heranzuwachsen. Die Jungrochen halten sich anfangs mit Vorliebe im Sand versteckt. Beim Umherschwimmen bleibt der Sand an der Schleimhaut der Jungrochen offenbar besser haften, als bei den Alttieren, was vielleicht einem Schutzmechanismus gegenüber allfälligen Freßfeinden gleichkommen könnte. Im Gegensatz zu den Jungtieren graben sich die Alttiere viel weniger oft ein.
Bis zum Jahr 1996 kamen in Frankfurt über 80 Junge im Uferaquarium zur Welt. Und die Elterntiere mit ihren 60 bis 80 cm Körperdurchmesser sind inzwischen durchschnittlich über zwölf Jahre alt und zeigen noch keine Anzeichen einer abnehmenden Fruchtbarkeit. Mittlerweile besitzen viele Zoos solche Nachzuchten, die sich jedoch bis heute lediglich im Kölner Zoo fortpflanzten. Eine Geburt ließ sich bis Dato noch nie beobachten. Jedoch ist man sich sicher, daß sich der Nachwuchs jeweils nur des Nachts einstellt.
Indessen weiß man auch, daß sich die Jungrochen in den ersten Monaten ihres Lebens hervorragend mit Bachröhrenwürmern, *Tubifex,* ernähren lassen. Erst später erhalten sie das Gelatine-Futter, da sie es anfangs nicht selten verschmähen. Die Jungtiere nehmen in der ersten Zeit, auch bei reichlicher Fütterung, sehr geringe Futtermengen auf, was sich aber mit zunehmendem Alter ändert.
Zu Beginn hatte man, nach dem Herausfangen der Jungtiere, um sie in ein anderes, kleineres Aquarium überzusiedeln, einige Verluste zu beklagen. Erst als ein steter Frischwasserdurchlauf im Aquarium installiert wurde, änderte sich dies. Daraus läßt sich unmißverständlich schließen, daß die Rochen und insbesondere die Jungtiere überaus anfällig auf eine langsam ansteigende Verschlechterung der Wassergüte reagieren. Um bei Bedarf die Zucht der Pfauenaugen-Stechrochen aufrechtzuerhalten, befindet sich in einem weiteren „rückwärtigen" Aquarium mit den Ausmaßen von 2 x 4 m und einer Wassertiefe von etwa 60 cm eine weitere Zuchtgruppe im Aufbau. Hier ist jedoch das Männchen vermutlich noch zu klein, um sich mit einem der schon ausgewachsenen Weibchen zu paaren.
Der Gesundhaltung der Tiere willens und um Mißverständnissen vorzubeugen, ist zum Abschluß noch mit Nachdruck festzuhalten, daß nicht in jeder Hinsicht die eben erfolgten Aussagen für ein Heimaquarium Geltung haben können. Das gilt insbesondere für die Nachahmung einer südamerikanischen Tiergemeinschaft, die in diesem Umfang für Heimaquarien nicht infrage kommen kann.

Potamotrygon motoro *bei der Futteraufnahme. In diesem Falle handelt es sich um geschälte Crevetten, die hin und wieder als „Leckerbissen" angeboten werden dürfen. Foto: H. Gonella*

FUTTER FÜR DIE SÜDAMERIKANISCHEN SÜSSWASSER-STECHROCHEN

Die Süßwasser-Stechrochen können als eigentliche Nahrungsspezialisten angesehen werden. Schon ihre Körperform und Lebensweise verrät uns, daß sie sich in der Natur fast ausschließlich von allerlei im und auf dem Flußgrund lebenden Organismen ernähren. Dazu gehören Krebstiere, Insektenlarven und Würmer, nur um einige zu nennen. Wahrscheinlich verschmähen sie auch kleinere, am Boden ruhende Fische nicht. Jedenfalls ist dies aus Aquariumbeobachtungen zu schließen, da sie durchaus, meist des nachts, auf „Beutefang" gehen. Selbst kleine, kranke Fischchen, die in ihrer Bewegungsfreiheit eingeschränkt sind, werden mit Vorliebe gefressen. Allerdings können die Süßwasser-Stechrochen, trotz ihrer räuberischen Lebensweise, nicht zu den eigentlichen Raubfischen gezählt werden; sie jagen, beziehungsweise fressen keine größeren Fische. Ihre nahrungsbedingte Aufmerksamkeit und Futtersuche beschränkt sich auf die, im oder auf dem Bodengrund lebenden Lebewesen. Über die tatsächliche, natürliche Nahrungspalette ist nur wenig bekannt. Das schließt jedoch eine für die Rochen gesunde Ernährung nicht aus. Mit einer gezielten und ausgewogenen Fütterung können den Tieren all die von ihnen benötigten Nährstoffe zugeführt werden. Ausgewachsenen Tieren reicht eine Basisfütterung zwei bis dreimal die Woche. Hinzu können ebenfalls zwei bis dreimal die Woche kleinere Mengen der verschiedensten Leckerbissen gefüttert werden. Ein abwechslungsreiches Futterangebot ist noch aus einem anderen Grund wichtig. Einseitig ernährte Rochen neigen plötzlich dazu, das ihnen angebotene Futter über einen längeren Zeitraum zu verweigern. Dagegen wird eine andere, vorzugsweise den Tieren bekannte Futtersorte meist bereitwillig angenommen. Unterläßt man es auf die „Futterwünsche" der Rochen einzugehen, besteht die Gefahr, daß die Tiere durch die Fastenperiode erheblichen Schaden nehmen und die Futteraufnahme ganz einstellen. So ist es wichtig von Anbeginn an, den beim Kauf meist noch jungen Tieren ein möglichst breites Futterangebot anzubieten. Im Jugendstadium sind die Rochen noch in der Lage, die „neuen" Futtersorten schätzen zu lernen. Diejenigen Futtersorten, die in regelmäßigen Zeitabständen angeboten werden, fressen sie auch noch bereitwillig im erwachsenen Alter.

Den Ernährungszustand ist an den „Fettpolstern" der Rochen gut zu erkennen. Bei ausreichend gefütterten Tieren sind die Ausbuchtungen zwischen, beziehungsweise hinter den Augen und an den hinteren, oberen

Süßwasser-Stechrochen benötigen für ihr Wohlbefinden auch pflanzliche Nahrung. Die wird ihnen am besten mit dem im Textteil beschriebenen Gelatinefutter verabreicht. Nach einer Beobachtung zufolge hat ein Pfauenaug-Stechrochen eine Amazonaspflanze (Echinodorus) *bis auf die Wurzel aufgefressen. Die daraufhin im Experiment angebotenen Gurkenstücke wurden ebenfalls bereitwillig angenommen. Selbstverständlich können auch Salatblätter oder Spinat den Speiseplan ergänzen.*
Foto: H. Gonella

Das Bild zeigt die Beschaffenheit des Chelatinefutters, welches im Frankfurter Exotarium den Pfauenaug-Stechrochen als Hauptnahrung angeboten wird.
Foto: H. Gonella

Die bis anhin aus Aquariumbeobachtungen bekannten Süßwasser-Stechrochen vermögen ihre Körperfärbung zu verändern. Je nach Gemütszustand oder Gesundheit können sie eine hellere oder dunklere Körperfarbe annehmen. Der hier abgebildete Potamotrygon orbignyi, *im Handel auch unter dem Synonym* P. reticulatus *angeboten, paßt seine Körperfärbung vermutlich zur Tarnung den hellen Lichtverhältnissen, beziehungsweise dem hellen Bodengrund an.*
Foto: H. Gonella

Körperpartien gut ausgebildet. Mageren Tieren fehlen diese Ausbuchtungen und sie hinterlassen demzufolge einen entsprechenden, ausgemergelten Eindruck. Dagegen können auch noch nicht vollständig ausgewachsene, gesunde Rochen ein beachtenswertes Gewicht erreichen. So ist ohne weiteres ein Körpergewicht von 3 bis 5 kg zu erwarten.
Hungrige Rochen sind leicht an ihrem Verhalten zu erkennen. Unentwegt streifen sie unruhig über den Bodengrund hinweg und pusten eifrig in den Sand hinein. Wird der Hunger größer, schwimmen sie nervös die Aquariumscheiben auf und ab und spritzen dabei, eher ungewollt, größere Mengen Wasser über die Aquriumkanten.

Die verschiedenen Futtersorten

Zu den gängigen Futtermitteln für Rochen gehören geschälte Garnelen und Fischfleisch. Neben den geschälten Garnelen können hin und wieder auch kleinere Garnelen am Stück angeboten werden. Mit ihren starken Zähnen sind die Rochen mühelos in der Lage den Panzer der Garnelen zu knacken, um an das schmackhafte Fleisch heranzukommen. Desweiteren beinhaltet dieser Freßvorgang eine hervorragende Beschäftigungsmöglichkeit für die Tiere, die es unter den eher reizarmen Aquariumverhaltnissen unbedingt zu Nutzen gilt. Insbesondere bei den Garnelen oder ähnlichem ist darauf zu achten, daß diese gut gewaschen werden. Ebenso sollten Garnelen nicht als Hauptnahrungsmittel uneingeschränkt Verwendung finden. Vermutlich können die aus dem Meer stammenden Garnelen, wahrscheinlich des zu hohen „Salzgehalts" wegen, bei den Süßwasser-Stechrochen eine Art von „Durchfall" auslösen, der sich in Form eines schleimigen Kots bemerkbar macht. Gleichzeitig besteht hierbei die Gefahr einer schnell fortschreitenden Verschlechterung der Wasserqualität. Wird bei einem ernährungsbedingten „Durchfall" die Futtersorte nicht umgehend gewechselt, erhöht sich zugleich die Gefahr, daß die Tiere schon nach einigen Monaten verenden könnten. Trotzdem sollte diese „Warnung" den Pfleger nicht gänzlich davon abhalten, gelegentlich Garnelen zu verfüttern, da sie durchaus ein gutes Ergänzungsfutter darstellen. Ähnlich verhält es sich mit der Verfütterung von Meeresfischen. Aber natürlich dürfen auch

Interessant anzuschauendes Rochenaquarium.
Foto: H. Gonella

stöbern und fressen. Regenwürmer ertrinken relativ schnell und können unbemerkt im Sand liegend in Verwesung übergehen und so die Wasserqualität stark beeinträchtigen.
Im Prinzip könnten den Süßwasser-Stechrochen auch „langsam schwimmende" kleinere Fischarten als Futter angeboten werden. Manchmal gelingt es den Rochen sogar die Futterfischchen im „freien" Wasser zu erbeuten. Das Verfüttern von lebenden Kleinstfischen ist jedoch nur unter Vorbehalt zu empfehlen. Besonders wenn mit den Süßwasser-Stechrochen noch weitere Fischarten vergesellschaftet werden, ist es nicht völlig auszuschließen, daß die

Meeresfische, wie zum Beispiel in Stücke geschnittene Makrelen den Futterplan ergänzen. Selbst Muschelfleisch und kleingeschnittener Tintenfisch werden von den Rochen, als gelegentlich angebotene Leckerbissen, gerne gefressen. Überdies könnte der ernährungsbedingte „Durchfall" auch auf eine zu einseitige, eiweißhaltige Fütterung zurückzuführen sein.
In Stücke geschnittene Filets von Süßwasserfischen stellen ein besonders zu empfehlendes Futter dar. Neben den eher zarten Forellenfischen sind vor allem Felchen oder Flußbarsche ein gutes Futter, da ihr Fleisch eine feste „Konsistenz" aufweist und bei der Futteraufnahme das Wasser weniger verunreinigen. Darüber hinaus werden von den Rochen lebende Salinenkrebse und Rote Mückenlarven gerne gefressen. Das Lebendfutter aktiviert sozusagen den natürlichen „Futtersucheinstinkt" und bildet ebenfalls eine Abwechslung im Rochenleben. Besteht keine Möglichkeit ausreichend Lebendfutter zu beschaffen, können diese Futterarten auch als Frostfutter im Zoofachhandel gekauft werden. Das tiefgefrorene Futter ist jedoch nur im völlig aufgetauten Zustand zu verfüttern. Ähnlich wie die Roten Mückenlarven vermögen zum Beispiel auch lebende Regenwürmer die Futtersuche der Rochen zu aktivieren. Die Regenwürmer vergraben sich im Sand, was die Rochen veranlaßt, „aufgeregt" nach ihnen zu suchen. Doch Vorsicht: Gerade beim Verfüttern von Regenwürmern ist darauf zu achten, daß die Rochen ihre Beute in nützlicher Frist auf-

Rochen ihre Mitbewohner plötzlich als willkommener Leckerbissen betrachten. Vor allem die schwarzen, weiß gepunkteten *P. leopoldi* demonstrieren gelegentlich ein verhältnismäßig aggressives Gebaren gegenüber Beifischen. Einmal auf den „Geschmack" gekommen, selber Beute zu machen, legen sie sich selbst mit größeren Fischen an. So wurde beispielsweise beobachtet, wie ein *P. motoro* über einem Diskusfisch, *Symphysodon discus,* schwamm und ihn durch sein Körpergewicht regelrecht auf den Boden drückte. Unter dem Rochen begraben, konnte sich der heftig Widerstand leistende Diskusfisch nicht mehr befreien. Durch die Gegenwehr unter dem Rochen gelangte Sand in die Kiemen des Diskusfischs, wodurch seine Atmung schwer beeintächtigt wurde. Desweiteren hielt der Rochen, den um sein Leben kämpfenden Diskusfisch solange unter sich gefangen, bis dieser vermutlich an Sauerstoffmangel oder infolge der Streßsituation starb. Solche Vorfälle mit Diskusfischen wiederholten sich in unregelmäßigen Zeitabständen, obwohl der Rochen überhaupt nicht in der Lage war, seine Beute zu fressen. Die getöteten Duskusfische wiesen lediglich einige Knabberspuren auf. Hingegen wurden langgestreckte Fische, wie ein Hexenwels, *Rineloricaria fallax,* gierig aufgefressen. Durch den schmalen Körperbau hatte der Rochen keine Probleme den Fisch ins Maul zu nehmen. Ob dieses Verhalten des Rochens immer wieder Diskusfische zu töten, auf eine im Aquarium erlernte unnatürliche „Futtertierprägung" zurückzuführen ist oder sich die Zwischenfälle aus reiner „Langeweile" ereigneten, kann nicht schlüssig beantwortet werden. Ebenso gut könnten auch die zu engen Platzverhältnisse im Aquarium zu diesbezüglichen Komplikationen führen. Entgegen diesen Erfahrungen können aber durchaus verschiedene größere und kleinere Fischarten zusammen mit den Rochen in einem Aquarium gepflegt werden. Bei ausreichender Fütterung stellen die Rochen normalerweise ihren Mitbewohnern nicht nach.

Alle die zuvor erwähnten Futtersorten bestehen vorwiegend aus tierischen Eiweißen und Fetten. An und für sich bilden diese auch die von den Rochen benötigten Hauptbestandteile der Nahrung. Man kann sich aber gut vorstellen, daß die Rochen, bei der Nahrungssuche auf dem Flußgrund, gleichzeitig mit den Futtertieren, gewollt oder ungewollt, allerlei pflanzliche Nahrungsbestandteile aufnehmen. Daher haben begrenzte Mengen an pflanzlicher Nahrung ganz bestimmt einen positiven Einfluß auf die Verdauung und die Nahrungsverwertung im Fischkörper. Zugegebenermaßen wird es kaum gelingen, daß die Rochen „freiwillig" vegetarische Kost akzeptieren.

Vor dem Problem einer ausgewogenen Rochenfütterung standen auch die Verantwortlichen des Exotariums des Zoologischen Gartens der Stadt Frankfurt. Nachfolgendes, im Exotarium lang erprobtes Futterrezept, hat sich für Süßwasser-Stechrochen außerordentlich gut bewährt. Die Herstellung der Futtermischung ist nicht sehr schwierig, bedingt jedoch ein sorgfältiges Verarbeiten. Als Zutaten dürfen nur frische Produkte Verwendung finden, die hygienisch einwandfrei zu verarbeiten sind. Die einzelnen Komponenten der Futtermischung bestehen aus 30 % Rinderherz, 20 % Süßwasserfischen, 15 % Tintenfisch und 10 % Rinderleber. Weiterhin werden die tierischen Bestandteile wie Folgt ergänzt: 10 % Karotten, Äpfel oder ähnliches Obst sowie 10 % ungeschälter Reis oder Maisgries, der vorzugsweise vorgekocht wird. Die restlichen 5 % beste-

Potamotrygon motoro.
Foto: Aqualife Taiwan

Dieser Jungrochen ist gerade drei Wochen alt und mißt schon einen Durchmesser von acht Zentimetern. Er nimmt schon jede Art von Futter gierig auf und interessiert sich auch für das Futter seiner Mutter. Jedoch sind diese Miesmuscheln noch zu groß für ihn. Zucht: M. Lange.
Foto: Bernd Degen

hen aus „hochwertiger" Aspik-Gelatine. Auf zehn Liter Futter werden 0.6 Liter Gelatine benötigt. Hinzufügen kann man noch rohe Eier und folgende Zusätze, die wiederum auf zehn Liter Futtermenge berechnet sind: zwei bis drei Eßlöffel des Vitamin-Mineral-Gemisches Davinova von Parke Davis sowie zehn kleingemahlene Supradyn-Vitaminkapseln und 1/4 bis 1/2 Teelöffel Canthaxanthin. Anmerkung: Das Canthaxanthin ist nicht überall erhältlich. Bei der Rochenpflege sind kaum Nachteile zu erwarten, wenn darauf verzichtet wird. Sofern aus ernährungsbedingten Gründen Bedenken bestehen, daß das Futter einen zu hohen Fleischanteil besitzt, kann dieser auch durch Fischfleich beliebig ergänzt werden.

Alle Grundmaterialien werden mit einer Küchenmaschine möglichst fein gemahlen. Das Ganze wird gut durchmischt, zugleich werden die rohen Eier beigegeben und auf dem Kochherd auf ca. 60 °C erhitzt. Es ist jeweils nur so viel Wasser hinzuzufügen, daß ein dünner Brei entsteht, den man fortlaufend rühren muß, damit er nicht anbrennt. Beim Erreichen der 60 grädigen Kochtemperatur wird langsam die Aspik-Gelatine daruntergerührt, damit sie sich im Brei gut verteilt und richtig auflösen kann. Danach können die Zusätze, wie Davinova und Canthaxanthin und zum Schluß das Supradyn gleichmäßig daruntergemischt werden. Jetzt ist der Brei in flache Schalen auszugießen, damit er möglichst schnell erkalten kann. Je schneller das Gelatine-

Futter abkühlen kann, um so fester wird seine Konsistenz. Bei warmen Temperaturen sind die mit Futter gefüllten Schalen in den Kühlschrank zu legen, damit wird eine allfällige, unerwünschte Gärung verhindert. Nach dem Erkalten ist das Futter aus den Schalen zu lösen und in kleinere Würfel zu schneiden. Diese können nun entsprechend portioniert und eingefroren werden, um bei Bedarf verfügbar zu sein. Es versteht sich wohl von selbst, daß den Rochen die Futterwürfel nur im völlig aufgetauten Zustand verabreicht werden. Die Futtermischung ist als Hauptfutter gedacht, welches aber gelegentlich, abwechslungsweise mit anderen Futtersorten, wie zum Beispiel Fischfleisch, Garnelen und anderem, ergänzt werden darf.

Das richtige Füttern

Süßwasser-Stechrochen suchen ihr Futter im sandigen Bodengrund. Mit großer Ausdauer durchsuchen sie dabei jeden Winkel im Aquarium. Trotzdem nehmen sie das ihnen auf dem Bodengrund liegende, angebotene Futter bereitwillig an. Haben sich die Rochen erst einmal an ihre neue Umgebung gewöhnt, nehmen sie erstaunlich große Futtermengen auf. Wird nun über einen kürzeren Zeitraum von einigen Tagen oder seltener Wochen die Futteraufnahme verweigert, besteht noch kein Anlaß zur Sorge. Kürzere Freßpausen scheinen den Rochen, wie anderen Fischarten auch, sogar gut zu tun - ja sie werden von den Tieren sozusagen sich selbst auferlegt. Ebenso haben ein oder zwei futterfreie Tage pro Woche einen günstigen Einfluß auf die gesamten Aktivitäten erwachsener Tiere.

Probleme bei der Futteraufnahme sind vor allem in den ersten Pflegewochen zu erwarten. Gerade während dieser Zeit ist die Futteraufnahme eingehend zu beobachten. So kann es vorkommen, daß sich die Rochen gierig auf die angebotenen Futterstücke stürzen. Diese ins Maul nehmen, zerkauen und wieder hinausspucken. Hierbei ist es für den Pfleger oft sehr schwierig abzuschätzen, ob seine Tiere gefressen haben. Meist liegt man mit der Vermutung richtig, daß die Futteraufnahme verweigert wurde. Für die Futterverweigerung können verschiedene Gründe verantwortlich gemacht werden. Einmal von einer krankheitsbedingten Futterverweigerung abgesehen, können auch die neuen Lebensbedingungen ausschlaggebend sein. Vielleicht liegt es auch an den für die Rochen noch unbekannten Futtersorten. Ebenso könnte die Größe der Futterstücke einige Schwierigkeiten bei der Futteraufnahme hervorrufen. Zu große Futterbrocken können die Rochen nicht ins Maul aufnehmen. Bestehen berechtigte Zweifel über eine befriedigende Futteraufnahme, lohnt der Versuch, die Tiere sozusagen „anzufüttern". Hierfür eignen sich im besonderen Masse lebende Rote Mückenlarven, die in nicht allzu großen Mengen gereicht werden. Ebenfalls dürfen kleingeschnittene Garnelen oder Fischstücke den Futterplan ergänzen. Um die Gewißheit zu haben daß alles gefressen wird, sind jeweils nur zwei bis sechs Stückchen pro Futtergabe zu verfüttern. Solange die Rochen die Futterstücke ohne zu zögern aufnehmen und fressen, darf noch etwas mehr hinzu gefüttert werden. Mit der Zeit wird sich dann die von den Tieren benötigte Futtermenge langsam erhöhen. Zugleich wird der Pfleger abzuschätzen lernen, wieviel Futter seine Tiere überhaupt zu fressen vermögen.

Je jünger die Rochen, um so wichtiger ist eine regelmäßige und abwechslungsreiche Fütterung. Jungtiere sollten mehrmals täglich, besser noch während der Abend- und Nachtstunden kleinere Futtermengen erhalten. Es sind dann auch die Jungtiere, die durch eine einseitige oder unregelmäßige, ja sogar über einen längeren Zeitraum ausbleibende Fütterung den größten Schaden davontragen. Süßwasser-Stechrochen, die nach erreichter Körpergröße von 15 bis 20 cm ihr Wachstum einstellen, erlitten mit einiger Wahrscheinlichkeit sogenannte Wachstumsstörungen, die meist nicht nur alleine auf zu kleine Aquarien zurückzuführen sind. Ebensogut kann auch eine falsche Fütterung das Wachstum bleibend schädigen.

Zusammengefaßt ist zu sagen, daß der regelmäßigen und ausgewogenen Fütterung von Süßwasser-Stechrochen weit mehr Beachtung geschenkt werden muß, als das vergleichsweise bei vielen anderen Aquarienfischen der Fall ist.

Schlussbemerkung

Dem aufmerksamen Leser wird aufgefallen sein, daß gewisse Themenkreise, zugunsten anderer Wissensgebiete, etwas vernachläßigt wurden, wie zum Beispiel die Ausführungen zur Aquariumtechnik. Der Grund hierfür liegt darin, daß sich in der Regel der bereits erfahrene Aquarianer an die Pflege von Süßwasser-Stechrochen heranwagt und somit bereits über die notwendigen allgemeinen aquaristischen Kenntnisse verfügt. In ähnlicher Weise sind die Aussagen, die die Rochenpflege als verhältnismäßig problemlos erscheinen lassen, zu bewerten. Dem noch unerfahrenen Neueinsteiger kann die Rochenpflege mit einiger Sicherheit vor gravierende Probleme stellen, die nicht selten in einem Disaster enden können. Dem Neueinsteiger sei daher dringend empfohlen, sich vor dem Erwerb der Süßwasser-Stechrochen die notwendigen Grundkenntnisse aus der Fülle der angebotenen Aquariumliteratur aufzuarbeiten, um sich so das erforderliche Wissen anzueignen.

Die Pflege von Süßwasser-Stechrochen im Aquarium gehört zu jenen Sparten der Aquaristik, die noch viele Fragen offen läßt. Dies macht die Rochenpflege auch so interessant; dennoch sollte eine allfällige Rochenpflege gut überlegt sein. Nur wer bereit ist, vollumfänglich auf die Tiere einzugehen, beziehungsweise ihnen die nötige Aufmerksamkeit zu schenken, sollte mit ihrer Pflege beginnen - denn eins wurde bei den Recherchen zu diesem Buch schnell klar, alle, die sich erfolgreich mit der Rochenpflege beschäftigten, waren bereit, einen Großteil ihrer Freizeit für das Wohlergehen der Tiere zu „opfern".

„Leider" bedingt die Pflege von Süßwasser-Stechrochen sehr geräumige Aquarien. Das ideale Aquariumvolumen beginnt ab 1500 l Wasserinhalt. Es ist nun sehr bedauerlich, daß die Rochenpflege für eine Mehrzahl der Aquarianer nicht infrage kommen kann - oder aber - vielleicht liegt es eher an der ungewohnten, aber zu unrecht „abschreckenden" Größe des Aquariums, als am Platzbedarf desselben, welches bisher noch manchen Rochenliebhaber vor dem Kauf eines angemessenen Süßwasser-Stechrochen-Aquariums abhielt.

Sicher lag es in der Absicht, mit diesem Buch die Pflege von Süßwasser-Stechrochen einer breiteren Öffentlichkeit vorzustellen. Gleichzeitig war es aber auch dringend nötig die Pflegeansprüche der Tiere ins rechte Licht zu rücken, denn bestimmt sollte es heutzutage nicht mehr vorkommen dürfen, daß aus Unkenntnis, Rochenbabys in 100 l Aquarien gepflegt werden.

Es unterscheiden sich die Süßwasser-Stechrochen erheblich von den vielen uns bekannten Aquarienfischen. Gleichwohl wäre man geneigt anzunehmen, daß deshalb die Aquaristik mit den Süßwasser-Stechrochen einen Aufbruch in eine völlig „neue Dimension" erreichen könnte. Am Beispiel des Papiliorama in Marin-Epagnier, Schweiz, mit seiner Abteilung für nachtaktive Tiere lassen sich die eben erfolgten, leicht als Schwärmerei zu mißverstehenden Worte, am ehesten in die Realität

Dieser im Aquarium „Les Naïzdes" in Ottrott, Frankreich, gezeigter Süßwasser-Stechrochen wurde der Art Potamotrygon laticeps *zugeschrieben. Nach Dr. R. Rosa ist dies aber ein Synonym für* Potamotrygon motoro. *Obgleich das Tier eine untypischen Körperfärbung besitzt könnte es sich hier um ein* Potamotrygon histrix *handeln. Vielleicht handelt es sich aber auch um eine noch nicht klassifizierte Art.*
Foto: H. Gonella

umsetzen. Oft beobachten wir unsere Aquarienfische unter Bedingungen, die wir gewohnt sind, nämlich am Tage. Mit den Süßwasser-Stechrochen können wir jedoch in eine uns noch unbekannte dämmerhafte Welt hinabtauchen, die uns bisher aus mangelnder Beachtung verschlossen blieb. Vielleicht ist der Begriff einer „neuen Dimension" für die Aquaristik ein übertriebener, wenn nicht sogar eine falsche Bezeichnung, dennoch weisen uns die Ansprüche der Rochen den richtigen Weg, nämlich die Pflege den Tieren und ihren Lebensweisen anzupassen und nicht den Wünschen des Beobachters unterzuordnen. Sofern wir uns solchen Erkenntnissen öffnen, kann mit Sicherheit viel Neues entdeckt werden.

Trotz den berechtigten Bedenken, die Süßwasser-Stechrochen mit ihrer beachtlichen Körpergröße in Heimaquarien zu pflegen, gilt es zu bedenken, daß es gerade unter den interessierten, privaten Fachkreisen auch viele Aquarianer gibt, die durch ihr Engagement viel zur Erforschung der tropischen Fische beigetragen haben. Schlußendlich kommen diese Erkenntnisse indirekt auch dem Schutz der wildlebenden, durch die Gewässerverschmutzung und Überfischung gefährdeten Fische zugute. Zum einen ergänzen die in Heimaquarien gesammelten Erkentnisse, die Erfahrungen der öffentlichen, wissenschaftlich geführten Schauaquarien. Zum andern wird mit dem nötigen Rüstzeug ein wahrscheinlich bald einmal „gefährdetes" Wildtier im Aquarium artgerecht zu pflegen und zu vermehren, auch die in den betroffenen tropischen Regionen dringend gewordene Notwendigkeit des Naturschutzes regelmäßig ins Bewußtsein gerufen und der Wunsch diesen voranzutreiben, geweckt. Letztendlich kann vielleicht sogar behauptet werden, daß die aus der Heimaquarienpflege erworbenen Erkenntnisse zu einem späteren Zeitpunkt möglicherweise zur Arterhaltung einer Fischart herbeigezogen werden könnten.

Die faszinierende Wirkung der südamerikanischen Süßwasser-Stechrochen beruht nicht zuletzt auf ihrer mystischen Ausstrahlung. Oft werden sie zu unrecht gefürchtet und dennoch sehen sich viele Leute mit ihnen eng verbunden. Woran das liegt, läßt sich nur vermuten. Trotz ihrer Anpassung an die südamerikanischen Gewässersysteme vermitteln uns auch die Süßwasser-Stechrochen etwas von der „unendlichen" Weite der Weltmeere. Zugleich vermögen sie, die in uns vorhandenen geheimnisvollen Sehnsüchte nach verborgenen Naturschätzen unseres Planeten zu wecken.

Anonym. 1988. Die Tiere der Welt, Band 9, Fische. Mosaik Verlag, ISBN 3-570-08980-0

BAENSCH, H. A. & RIEHL. R. 1983, 1985, 1995. Aquarien Atlas, Band 1, 2 & 4. Mergus Verlag, Melle, ISBN 3-88244-010-4, 3-88244-011-2 und 3-88244-038-4

COMPAGNO, L. J. V. & COOK, S. F. 1995. Freshwater elasmobranchs: a questionable future. Shark News, March '95, p. 4, Shark Research Center, South African Museum and Argus-Mariner Consulting Scientists

DREYER, S. 1995. Zierfische richtig füttern. bede-Verlag, ISBN 3-927 997-46-3

FIEDLER, K. 1991. Lehrbuch der Speziellen Zoologie, Band II, Fische. Gustav Fischer Verlag, ISBN 3-334-00338-8

FRISCHE, J. 1997. Süßwasserstechrochen-Hybriden Zeitschrift DATZ (2), 128-129, Verlag Eugen Ulmer

GONELLA, H. 1995. Paludarium. Der Tropenwald im Wohnzimmer. bede-Verlag, ISBN 3-927 997-47-1

GONELLA, H. 1996. Diskusfische im Rochenaquarium. Diskus Jahrbuch Spezial, Nr. 3, 54-57, bede-Verlag, ISBN 3-931792-19-6

GRZIMEK, B. et al. 1970. Grzimeks Tierleben, Enzyklopädie des Tierreiches. Fische 1 (Vierter Band). Lizenzausgabe des Deutschen Bücherbundes GmbH

JAEGGI, P. & RITTER, E. K. 1996. SOS für Haie. Zeitschrift: d. Schw. Tierschutz, Du + die Natur. STS, April

KRAUSE, H.-J. 1990. Handbuch Aquarienwasser. bede-Verlag, ISBN 3-927 997-00-5

KRAUSE, H.-J. 1994. Handbuch Aquarientechnik. bede-Verlag, ISBN 3-927 997-10-2

LÜLING, K. H. o. J. Südamerikanische Fische und ihr Lebensraum. Engelbert Pfriem Verlag, Wuppertal

MICHAEL, S. W. 1993. Reef Sharks & Rays of the World. A guide to their identification, behavior, and ecology. Sea Challengers / Monterey, California, ISBN: 0-930118-18-9

POSEL, P. 1995. Süßwasserrochen. Wundervolle, aber empfindliche Pfleglinge. Das Aquarium (11), Heft 317, 11-15.

Redaktion. 1983. Da lachen die Experten - aber einige wundern sich (Als Jungrochen angesehene Karpfenlaus...). Das Aquarium (3), Heft 165, 156-157.

ROSA, R. 1985. A systematic revision of the South American freshwater stingrays (Chondrichthyes/Potamotrygonidae). Diss. (unveröffentlicht), A. Arbor, Michigan.

SCHOBER, M. 1995. Südamerikanische Süßwasser-Stechrochen im Aquarium. DATZ (5), 285-287, Verlag Eugen Ulmer

STAWIKOWSKI, R. 1993. Schwarze Rochen mit weißen Punkten. DATZ (1), 7-8, Verlag Eugen Ulmer

STAWIKOWSKI, R. 1994. Die Fische Amazoniens. DATZ-Sonderheft, Oktober, 19-20, Verlag Eugen Ulmer

STEHMANN, M. 1996. Selektive Zusammenfassung und bibl. Ref. Elasmoskop 2, S. 18. aus: NISHIDA, K. 1990. Phylogeny of the Suborder Myliobatidoidei (Stammesgeschichte der Unterordnung Myliobatidoidei, Stechrochenartige).

WICKER, R. 1974-1991. Haltung und Zucht des Pfauenaugenstechrochens (*Potamotrygon motoro*). Jahresbericht des Zoologischen Gartens der Stadt Frankfurt a. M., Nr. 116-130, 69-71.

Zoologischer Garten Frankfurt am Main [Hrsg.] o. J. Zooführer. 33-38 (nur an der Zookasse erhältlich).

Zoologischer Garten Frankfurt am Main. 1992. Junge Pfauenaugenstechrochen im Exotarium. DATZ (12), 757-758, Verlag Eugen Ulmer

In diesem Aquarium mit 2000 Litern Wasserinhalt pflegt Matthias Lange ein Rochenpärchen zusammen mit sieben Theraps synspilum *und zwei Schilderwelsen. Inzwischen ist in diesem Aquarium die Nachzucht von zwei Jungrochen erfolgreich gelungen.*
Foto: Bernd Degen

RATGEBER KAMPFFISCHE

HANS GONELLA UND RAJIV MASILLAMONI

Zum ersten Mal werden in deutscher Sprache die Grundlagen zur Genetik und Zuchtauswahl der „Schau-Betta-Zucht“ anschaulich vermittelt. Aber auch die Wildformen und die neben Betta splendens zahlreichen weiteren Kampffischarten werden vorgestellt.

ISBN 3-931 792-22-6 **DM 29,80**

RATGEBER - ZIERFISCHE RICHTIG FÜTTERN

DR. STEPHAN DREYER

Futter ist nicht gleich Futter! Daß das so ist, beweist der Autor auf 96 Seiten und unter der Verwendung von über 70 Farbabbildungen und zahlreichen Zeichnungen. Aquarianer wissen, daß es über das Futter mehr Möglichkeiten gibt, die Gesundheit, das Ablaichverhalten und auch die Farbe zu beeinflussen. Jeder ernsthafte Aquarianer sollte sich dieses preiswerte, gute Buch schnell besorgen.

ISBN 3-927 997-46-3 **DM 29,80**

AMANOS NATURAQUARIEN

TAKASHI AMANO

Er gehört zweifelsohne zu den besten Aquarienfotografen der Welt. Er richtet jedes seiner Aquarien mit einer selten zu sehenden Perfektion ein. Diese wird insbesondere durch sein von ihm entwickeltes aquaristisches Zubehör möglich. Lassen Sie sich von Takashi Amano in die phantasievolle Welt der Naturaquarien entführen. Ein Schwerpunkt ist in diesem Band auf die richtige Integration von Salmlern ins Naturaquarium gesetzt.

ISBN 3-931 792–08-0 **DM 29,80**